吴 青◎著

知识产权法中的
公共利益研究

江西高校出版社
JIANGXI UNIVERSITIES AND COLLEGES PRESS

图书在版编目(CIP)数据

知识产权法中的公共利益研究/吴青著.--南昌:江西高校出版社,2021.12(2022.2重印)

ISBN 978 - 7 - 5762 - 2201 - 2

Ⅰ.①知… Ⅱ.①吴… Ⅲ.①知识产权法—研究 Ⅳ.①D913.04

中国版本图书馆 CIP 数据核字(2021)第 217268 号

出 版 发 行	江西高校出版社
社 址	江西省南昌市洪都北大道96号
总编室电话	(0791)88504319
销 售 电 话	(0791)88522516
网 址	www.juacp.com
印 刷	天津画中画印刷有限公司
经 销	全国新华书店
开 本	700mm×1000mm 1/16
印 张	8.75
字 数	130千字
版 次	2021年12月第1版
	2022年2月第2次印刷
书 号	ISBN 978 - 7 - 5762 - 2201 - 2
定 价	58.00元

赣版权登字 -07 -2021 -1455

1 导　论

1.1　研究背景

公共利益与知识产权的法律关系向来是知识产权法学上的重要问题。面对知识产权权利人的利益与公众使用知识产权客体的利益之间的冲突，公共利益常常成为法律抉择的关键。1623 年，英国《垄断法》第一条宣布，所有垄断特权都是违反王国法令的，应予废除，但是专利权因为有促进公共利益的作用而被保留。1841 年，英国议会讨论是否将版权保护期延长至作者死后时，支持者认为，版权是自然法则赋予每个人就其思想和想象力的神圣和不朽的财产，但麦考利反对道：版权保护期的规定应为公共利益立法，应选择最有利于公众一般利益的规则[1]。

直到今天，公共利益与知识产权仍然是知识产权法中的重要议题。为应对新型冠状病毒肺炎引起的公共健康和经济衰退的问题，一些向来主张知识产权强保护的发达国家也开始基于公共利益的考量，对知识产权的行使进行限制。德国立法授权联邦卫生部基于公共利益或国家安全的理由强制许可使用受专利保护的药物和医疗设备。以色列政府已经颁发强制许可用于进口治疗新冠肺炎的受专利保护的药物克力芝。我国为了保障普通民众可以获得受专利保护的新冠疫苗，提出将国产新冠疫苗作为公共产品，实行医保基金负担的全民免费接种。前述立法和实践都体现出公共利益在知识产权法律制度和实践中的重要地位。

对于公共利益与知识产权的关系，有观点认为保护知识产权即是实现公共利益的机制，两者具有内在的协调关系[2]111。反对的意见认为，保护知识产权会对人类的基本权利产生不利影响，包括对食物、健康、水、文化、平等、非歧视和表达自由等的权利和自由，应制定更加保障人权的知识产权法律[3]。世界贸易组织（WTO）成员国讨论知识产权与公共利益的议题时，亦大致分为前述两种观点。2017 年以来,巴西、南非等发展中国家围绕《与贸易有关的知识产权协定》(以下简称《TRIPS 协定》)相关条款的解释与修订,向 WTO 提出多项知识产权与公共利益相关的议题,包括专利强制许可、专利行政审批例外、通过竞争法促进公共健康、药品和医疗技术的研发成本和定价、著作权"三步检验法"的适用标准等。对于前述议题,巴西等发展中国家通常认为,知识产权保护使得一些知识产品供给有限,价格昂贵,公众难以获得或负担不起,损害公共利益,而以美国为首的发达国家通常认为,保护知识产权与促进公共利益是协调一致的,强制许可等限制知识产权的制度实施,将阻碍成员国建立坚实的知识产权保护制度,从而剥夺公众对未来科技创新带来的利益的分享。

公共利益与知识产权的关系也是我国知识产权法中的重要问题。1995 年我国与美国签订的关于知识产权问题的贸易协定中提出,"中国将采取或实施必要的措施以保护公共道德或维护公共秩序,只要这些措施的实行是一贯的并非歧视性的、非武断的,不对贸易的变相限制"。最高人民法院在指导知识产权司法审判的文件中提出要处理好保护私权与维护公共利益的关系、依法合理平衡权利人利益和公共利益等意见。司法实践中,有法院基于公共利益的考量,支持行政机关因发明创造违反公共利益不授予专利权的决定[1]、拒绝给予可能损害公共利益的商业标识以反不正当竞争法保护[2]、直接判令植物新品种父本和母本权利人相互授权许可并相互免除许可费[3]、认定知识产权侵权但不判决停止侵权行为[4]等裁判。

但对于知识产权法中公共利益的理解,即使在个案的特定情境下,仍然存在分歧。例如,《鬼吹灯》小说作者张牧野申请注册"鬼吹灯"商标被驳回,主要理由为该标识具有宣扬封建迷信的不良影响。但有法院在不正当竞争

---

[1] 例如,北京市高级人民法院行政判决书(2017)京行终 4293 号。
[2] 最高人民法院民事裁定书(2019)最高法民申 4847 号。
[3] 指导案例 86 号:天津天隆种业科技有限公司与江苏徐农种业科技有限公司侵害植物新品种权纠纷案。
[4] 例如,最高人民法院民事裁定书(2015)民申字第 2758 号;山东省高级人民法院民事判决书(2012)鲁民三终字第 33 号;最高人民法院民事判决书(2013)民提字第 2 号。

诉讼中,即使了解到前述行政决定,仍然认定"鬼吹灯"标识构成反不正当竞争法保护的知名商品特有名称,应予保护①。而在另一起案件中,法院认为,"特种兵"标识在申请注册过程中被认定可能对我国政治、军事等方面的公共利益产生不良影响,不应作为商标使用,也不应受到《反不正当竞争法》的保护②。

对于我国知识产权法中公共利益的研究,应主要阐明以下问题:第一,何为知识产权法中的公共利益?第二,公共利益与知识产权的法律关系为何?第三,公共利益如何影响知识产权的效力和行使?为回答前述问题,本研究考察了公共利益的概念、知识产权法中公共利益的内容;接着,讨论公共利益与知识产权法的历史的关系,以及公共利益与知识产权法的基础理论的关系;在此基础上,对我国知识产权法中的公共利益作为知识产权取得、行使和救济的法律要件进行探讨。本研究意在探索知识产权法作为社会治理体系中的重要组成部分,如何更好地发挥知识产权促进公共利益的重要作用,以回应知识产权法的基础和热点问题。

需要说明,在讨论的范围上,知识产权与反垄断是关系到公共利益的重要话题,但考虑到本研究主要对知识产权法这一法律部门进行研究,所以不再对知识产权与反垄断进行单独的讨论。其次,本研究讨论知识产权时,主要以著作权、专利权和商标权作为讨论对象,必要时涉及商业秘密、植物新品种、集成电路布图设计等知识产权,但本研究不再对商业秘密等知识产权客体进行详细的讨论。在指称上,学界对于知识产权客体的概念界定有知识说、信息说、抽象物说、知识产品说等观点[4],本研究以"知识"指称知识产权客体,以"知识产品"指称受知识产权保护的产品,例如受专利保护的药品。在表述"著作权"和"版权"时,以"著作权"为一般的术语,但是在讨论英美版权法体系的法律实践时,特别使用"版权"一词。

---

① 江苏省高级人民法院民事判决书(2018)苏民终 130 号。
② 最高人民法院民事裁定书(2019)最高法民申 4847 号。

1.2　研究现状

本研究的中心问题为保护知识产权私权与维护公共利益的法律关系。本节对国际上和国内关于知识产权法中的公共利益的研究成果进行梳理和评论。在国际上,对于知识产权与公共利益的研究主要源于《TRIPS 协定》通过后,发展中国家国内的知识产权主要为国外权利人所有的问题。这与国内民众对知识产品的需要之间存在矛盾,尤其是在医药专利和公共健康问题上。对此,有学者认为医药的可及性属于人权范畴,《TRIPS 协定》应为维护公共健康确立知识产权保护的例外[5]。也有学者认为,从人权的角度讨论知识产权有利于反思和强化知识产权自身的合法性,并促进人权和知识产权的一致性[6]。公共健康、教育、环境以及发展问题正是人权与知识产权关系中最为突出的问题。前述研究将知识产权与人权的关系进行研究,并主张为保障人权确立知识产权的例外。然而,前述研究存在两方面的问题:一是将知识产权与人权简单对立并在抽象层面上进行讨论,难以得到具有实践操作性的解决方案;二是对公共利益的理解限于当下民众面对的困境,忽视知识产权保护可能提供更多选择的长远利益。

此外,有发展中国家学者将前述国际知识产权法上讨论的公共利益问题置于其国内技术和经济欠发达的社会条件下进行研究。有学者研究越南在保护知识产权和维护公共利益之间的难题,一方面知识产权保护可以为研发投入建立更好的制度环境,另一方面知识产权保护带来的知识产品价格的上升使得教育和医药领域的负担上升,尤其是限制了医药的可及性[7]。还有学者研究孟加拉国知识产权保护与公共健康的问题,提出孟加拉国作为 WTO 规定的 48 个最不发达国家之一,仅具有一定的医药生产能力,如何在遵守《TRIPS 协定》的基础上,利用过渡期建立自己的医药专利制度[8]。前述研究深入讨论知识产权保护对于发展中国家公共健康利益的影响,指出一些发展中国家本身不具有医药研发和生产的基础设施和资源,即使保护知识产权,其国内制造业仍然无法满足民众对基本的知识产品的需求。这些研究在真实的社会环境中,指出知识产权扩大国际贫富差距的问题。

在新冠疫情暴发后,《欧洲知识产权评论》(*European Intellectual Property Review*)有一期专门讨论知识产权与新冠疫情,希望从知识产权法的角度对当下的危机和未来的发展进行研究。为应对新冠疫情下的公共健康危机,基于人们在疫情防控下如何继续正常的学习生活等公共利益的考量,学者们提出了强制许可医药数据加快疫苗研发[9]、设置远程教育使用作品的著作权限制规定[10]等观点。前述研究与《TRIPS 协定》通过后国际上对公共健康和知识产权的研究相近,只是更加聚焦新冠疫情这一全球问题,对于知识产权保护的法律制度的研究更加具体,并提出许多现有制度中存在的阻碍公共利益的问题和相应的解决方案。不足之处在于,前述研究对于面向未来发展的长远的社会发展利益考虑较少,主要关注当下危机的解决。这可能使得危机下的公共决策有悖于长期公共利益的维护。

我国知识产权法领域研究公共利益保护的文献,可以分为知识产权法总论的公共利益保护研究和分论的公共利益保护研究。冯晓青提出的利益平衡理论常常用于知识产权法中的公共利益。他认为,知识产权法具有保护知识产权与维护公共利益的双重目的,而知识产权的专有性与社会对知识产品的合理需求是知识产权法中的主要矛盾,因此应确立平衡机制以解决这一矛盾[11]。利益平衡要求知识产权法对其中的不同利益主体的价值取向都应给予充分考虑,兼顾知识产权人的利益和公共利益,以互不损害对方利益为价值目标。利益平衡理论提出保护知识产权的同时维护公共利益的方法,但是这种理论存在机械化的嫌疑。利益平衡理论将知识产权权利人利益与公共利益进行比较衡量,并选择两者保持平等的制度安排和权利分配,看似很美好,但各方利益能否进行比较? 按照利益平衡理论,个人利益与公共利益可以像有体物一样放在天平的两端进行称量,但这恐怕是不切实际的。同时,在个人利益与公共利益在横向上进行比较时,缺乏对于平衡标准的研究,亦没有考虑到纵向上个体与社会的关系。

除了利益平衡理论外,学界还对知识产权法中的公共利益提出多种见解。有学者在认定公共利益保护为知识产权的主导性理念的基础上,从语义、立法目的、基本原则等角度对知识产权法公共利益理念进行阐释,将公共利益区分为基于市场逻辑的公共利益(第一种公共利益)与作为市场逻辑之补充的公共利益(第二种公共利益):第一种公共利益是知识产权法中的基础性的公共利益,第二种公共利益是第一种公共利益的补充和完善[12]。这种观点将知识产权保护意欲实现的科技进步与文化繁荣作为基本的公共利益,将人权保护作为补充的公共利益。这一区分有助于理解知识产权法上关于公共利益的相关规定。但是没有对前述法律关系进行进一步的阐释,难以经受实践的考验,因为法院可能仍然难以判断何时维护第一种公共利益,何时维护第二种公共利益。

在分论上讨论公共利益时,相关研究通常选择著作权法或专利法或商标法作为制度环境背景。

在著作权法上,有学者认为著作权公共利益的内容有科学文化事业有序繁荣发展、思想和信息的自由流动、社会公众基本的民主与文化权利在著作权法中的体现、社会公德伦理和弱势群体的利益等[13]。

在专利法上,现有研究医药专利保护与公共健康的关系。有学者研究认为,药品专利强制许可制度的充分实施能够有效应对公共健康危机,能够促进医药专利对医药资源达到最优化配置,从而在医药领域上使社会多数人的福利最大化[14]。但也有学者认为,强制许可虽然在紧急情况下能提升现有药物的可及性,但对药物进行专利保护激励对新药的研发却可以提升对潜在新药的可及性,因此应将两者进行协调一致,选择对新药创新研发激励影响最小的方式来提升现有药物的可及性[15]。

在商标法上,学者们也会就知识产权法中的公共利益相关的特定的具有影响力的案件判决进行观点争锋。例如,"微信"商标案以消费者稳定认知利益作为公共利益,以"微信"商标注册构成《商标法》第10条第1款第(8)项规定的有违公序良俗的"不良影响"为理由驳回商标注册,引起学术界的热议。有学者支持这一判决,认为将该案涉及的"消费者稳定认知利益"作为公共利益对待,既符合公共利益的基本理论,也符合《商标法》的基本原理和立场[16]。有学者认为,《商标法》保护的公共利益就是相关公众的利益,法院可以援引"其他不良影响"解读出不得申请商标注册和使用的有损公共利益的标记[17]。但反对者认为,该判决忽视了维护商标注册制度的严肃性和防止公众对商品来源的误认都是《商标法》要维护的公共利益,不应为维护一个公共利益而牺牲另一个公共利益；关于后使用商标与先注册商标之间的冲突，应按照先申请规则处理[18]。前述分论层面上关于公共利益的讨论，更加聚焦争议，并对于相关利益方的诉求也有较为清晰的解读。但前述研究存在难以纵观全局的问题。

综上，学界对于知识产权法中的公共利益的研究形成了相当的研究成果。但现有研究成果也凸显出以下问题：一是对公共利益概念的考察较少，二是对公共利益与知识产权法历史的关系的关注较少，三是对公共利益与知识产权法基础理论的关系的关注较少。

1.3　各章概述

本研究围绕我国知识产权法中的公共利益的中心问题，分为第二章到第六章共五章。第二章讨论法律中的公共利益的界定。公共利益的界定在理论上分为实体论、程序论和类型化三种进路。第一节讨论三种进路的代表观点，指出程序论和类型化的方法都无法解决实际问题，并选择实体论作为公共利益的界定方式。第二节从功利主义、社群主义和平等主义对公共利益的构想进行讨论。

第三章讨论公共利益与知识产权法的历史演进的关系。这一部分首先将知识产权法分为初步形成时期、逐渐成熟时期和未来发展时期三个阶段。在初步形成时期，公共利益是在知识产权法从政府授予创造者特权时对于社会公众增添利益的考量。在逐渐成熟时期，公共利益面对知识产权在激励创造者向社会大众推出更多的知识产品的同时，限制知识产权妨碍社会公众利用智力成果的社会不利后果。而面向未来发展时期，公共利益则在知识产权法中面临诸多争议。

第四章讨论公共利益与知识产权法的基础理论。这一部分从公共利益的角度讨论知识产权自然权利论和知识产权工具论。知识产权自然权利理论主要分为知识产权的洛克劳动财产论和黑格尔人格权论。这两种理论似乎都能找到知识产权法上的支持证据。然而，这两种理论难以经受公共利益的考量。知识产权作为市场竞争优势以激励创造的工具论则具有强大的解释力。

第五章对我国知识产权与公共利益的协调进行研究。该部分对我国的知识产权法中公共利益作为知识产权的客体要件、公共利益与知识产权侵权抗辩、为公共利益实施知识产权强制许可、基于公共利益考量是否判令停止侵权等进行研究。该章最后对公共利益限制知识产权的效力和行使时的补偿进行讨论，指出在实施强制许可和不判令停止侵权时应予以公平合理的补偿。

第六章对本研究进行总结归纳。

2 知识产权法中的公共利益的界定

2.1 引言

公共利益作为群己权界的问题,长期以来是政治法律学上的研究热点。早在古希腊时期,亚里士多德提出,城邦的建立目的在于完成某种善业,应以城邦的政体是否保护公共利益来判断政体正当与否——只要照顾到公共利益,都是正当或正宗的政体,而那些只照顾统治者利益的政体则都是错误的政体或偏离正宗政体的变态[19]85。在中世纪时期,阿奎那提出,法律的制定并非为着私人的利益,而是为着公民的共同利益[20]。现代德国法哲学家拉德布鲁赫认为,法应具有合目的性,即服务于公共福祉之正义[21]9。

对公共利益的概念的讨论,通常分为物品意义上和精神道德意义上的,前者例如公共医疗服务,后者例如喜悦的情绪和体验、社会公德。我国知识产权法规定的公共利益通常属于物品意义上的公共利益,例如为公共健康目的对专利药品给予强制许可,但也有精神道德意义上的公共利益,例如对违反社会公德的发明创造不授予专利权。

需要说明的是,公共利益的界定主要存在三种方式:实体论、程序论和类型化。本研究从实体论的角度对公共利益进行界定,不再考虑程序论和类型化的界定进路。此处简要阐述公共利益的程序论和类型化两种进路,并说明不选择这两种方式的理由。

首先,程序论将“什么是‘公共利益’的问题”转化为“由谁来界定‘公共利益’”,并通过完善程序来消解公共利益界定主体与受益主体之间的紧张关系[22]47。在罗尔斯的程序正义理论下,法律制度的设计总是有利于成员的利益[23]5。但是这一理想社会的假设无法成为现实。其次,程序正义也不得不面临多数人与少数人的抉择——是绝对多数表决,还是简单多数表决,还是加权计算法,等等。无论是哪一种投票方式,都无法保证投票结果符合正义。2016年,英国进行脱离欧盟的全民投票。最终的计票结果显示,支持脱欧选民票数占总投票数52%,支持留欧选民票数占总数48%。结果公布后,英国民众对投票结果不满,发起联署签名请愿,要求英国议会重新考虑这次公投的有效性,呼吁二次公投。最后,程序论的公共利益的实现应在立法过程中符合程序正义,但是在实践中,立法总是难以预料所有现实中可能遇到的问题,而不得不规定公共利益的抽象条款,留待司法实践中遇到问题时由法院在适用法律时进行解释和解决。因此,程序正义通常体现在立法过程中,但是无法保证结果正义。更何况现实中大多数问题的情景即使法律适用时,也无法再回到立法阶段。

类型化则是对公共利益进行分类。类型化的标准可以分为以下五种:公共利益的性质、公共利益的形式、公共利益的内容、公共利益的层次性和公共利益在立法中的功能[24]。但公共利益的类型化存在两方面的不足,使得其在解释适用公共利益时仍然无能为力。首先,类型化并没有直面公共利益的概念,即对公共利益的内容没有提出定义性质的观点,这使得法官在适用公共利益进行裁判时仍然应努力挖掘和思考本案中涉及的公共利益的具体内容是什么。因此,公共利益的类型化研究,最终都必须走向释义学,才能提供稳定的评价系统[25]。而类型化仍然将公共利益的界定停留在抽象层面,无法落实到实际案件纠纷之中。其次,公共利益的类型化无法回答不同类型的公共利益是否可能相互冲突,如果发生冲突,应如何选择。类型化似乎没有考虑到这一问题,可能因为从类型化的角度来看,不同类型的公共利益都并行不悖地存在。但实践中常常涉及不同的公共利益的抉择,公共利益的类型化无助于解决此类问题。

概念具有意义,因为人们借助概念来理解事物。实体论通过界定"公共"和"利益"的内涵和外延,确定公共利益的本质特征和内涵。这种实体论的方式直面群己权界的问题,因为在划清公共事务与个人自由时必须对两者进行清晰界定,以对现实问题提供明确的答案。本章首先从不同的哲学流派上关于公共利益的论述分为三种公共利益构想,分别为功利主义的公共利益、社群主义的公共利益和平等主义的公共利益,然后在这三种公共利益概念的基础上,讨论知识产权法中的公共利益类型。

2.2 公共利益概念的理论构想

对于公共利益的概念,学界主要分为两种理解方式。第一种认为,公共利益是指不特定多数社会成员的利益。这种观点认为,公共利益不是全体社会成员的利益,也不是特定多数社会成员的利益,而是不特定多数社会成员的利益[26]。这一观点首先排除了全体社会成员的利益和特定多数社会成员的利益,最终落脚在不特定多数社会成员的利益上,实质上否认不特定少数社会成员的利益成为公共利益的可能性。这种观点恐怕难以令人信服。例如,世界卫生组织将罕见病定义为患病人数小于总人口 0.65‰至 1‰的疾病。我国罕见病患者约为 2000 万人,占全国总人数 1.4%[27]。按照人口数量而言,罕见病患者属于不特定少数社会成员,但是这并不意味着他们的身体健康不属于公共利益。相反,罕见病的药品研制生产属于我国基本医疗卫生与健康的重要方面。任何人都有可能成为罕见病患者,拒绝承认罕见病患者的健康为公共利益,不应成为社会共识。第二种认为,公共利益对于利益主体没有限制。公共利益有时是全体个人的利益,有时是部分个人的利益,甚至还可以是特定个人的利益[28]12。这种观点的理由是我国宪法"尊重和保障人权"的条款。诚然,若涉及基本权利的保障,即使是特定个人的利益保护,仍然可以属于公共利益的范围,例如由警车引导运送危重病人的救护车,为其提供快速道路的通行[28]12。相比第一种观点,这种对于公共利益的理解更加符合通常社会经验的认知,但这种理解没有对公共利益的内容进行明确的界定。

前述两种观点直接对公共利益的概念进行界定,忽视了实践中可能存在不同哲学流派对公共利益的多种理解。考虑到不同哲学流派对"公共"和"利益"有不同理解,本节考察功利主义、社群主义和平等主义哲学思想对公共利益的理解。这三种哲学流派属于主流哲学思想流派,在实践中具有较大的影响力,因此,选择这三种哲学思想对于公共利益的理解作为本节讨论的对象。

2.2.1 功利主义的公共利益构想

功利主义认为,公共就是个体的加总,公共利益就是社会的整体幸福,但只有关注个体幸福才可能实现整体幸福[29]。以边沁、密尔为代表的古典功利主义将公共利益认定为虚构的概念,或者说,认为促进个人利益即实现公共利益。在边沁看来,共同体是一个虚构体,由那些被认为可以构成其成员的个人组成,共同体的利益是组成共同体的若干成员的利益总和[30]58。密尔认为,功利主义理论中的"幸福"标准,是指与行为有关的所有人的幸福,并非行为者自身的幸福。因此,功利主义者要求法律和社会安排应尽可能地让个人的幸福或个人利益(按照实践说法)与全体利益趋于和谐,这样其行为就不会与普遍的善相对立,而且每个人都可以养成一种习惯性行为动机去直接促进普遍的善[31]41-43。

以海萨尼、哈丁为代表的当代功利主义认为,将共同体理解为个人的集合体是错误的,并承认独立于个人利益的社会共同体,但是仍然认为个人利益是公共利益的源动力,人与人之间的合作是实现总体功利最大化的保障。海萨尼通过对选民投票的行为进行研究,认为个人理性行为理论无法避免投票成为一种非理性的活动,而且个人投票几乎不可能对选举结果产生影响[32]。但海萨尼提出,通过设定一些道德原则,例如帕累托最优、分配正义、个人自由,可以促成人与人之间的合作,从而实现社会效益最大化[32]。哈丁认为,传统的功利主义以结果效益为制度选择的标准是不可靠的,因为信息的有限性而无法计算相关主体的利益偏好[33]。哈丁认为,正是因为信息的有限性和结果计算不可得,权利应是实现良好结果的工具[33]。因此,海萨尼和哈丁对古典功利主义的前提假设进行了修正,但是仍然以结果效益最大化作为法律制度选择的标准。

功利主义对于个人追求自我利益最大化的基本假设与市场经济理性人的假设相契合,因此功利主义常常得到法律经济学的青睐。正如斯密在《国富论》中描述的那样,每个个体在生产经营过程中追求自己的利益,在"看不见的手"(市场)的指导下,往往使他能比在真正出于本意的情况下更有效地促进社会的利益[34]30。侵权责任法上的"汉德公式"亦是功利主义构想的公共利益最大化。在 1947 年的 United States v. Carroll Towing Co. 案中,汉德法官认为,没有一般规则可以确定,如果驳船或其他船只离开系泊,驳船的船主何时会对其他船只的损害负责任,而要考虑驳船的船主是否应对其他船只的损害负责任,应考虑以下变量的函数:(1)驳船离开系泊的可能性 P;(2)驳船离开系泊后造成损害的严重性 L;(3)防范驳船离开系泊的负担 B。赔偿责任取决于 B 是否小于 L 乘以 P(即"汉德公式")①。汉德公式被认为不仅可以用于证明是否存在疏忽,还可以用于证明疏忽规则的目的在于风险分担[35]。

功利主义对于公共利益的理解,始终将个人的利益只计算一次,并且,始终以个人利益的加总结果作为决策理由。在投票计算方式上,还有加权投票法,即将不同选票的权重计入计算。例如,拥有宣传发声渠道的人,因为其发出的声音被更多人听到,因此在公共政策决策时可能被予以更多重视,也有利益团体对立法机关人员进行游说,从而将自己的利益诉求转化为公共政策的内容。然而,功利主义表现出极大的平等性,因为其对于个人的利益计算仅计算一次,并且对所在共同体的所有人的利益计算在内。就汉德公式而言,损害发生后,受损方与损害方的利益被同等对待,并没有因为一方先受损而倾斜保护。

但效用结果对于功利主义决策的绝对地位,也意味着其忽视了过程中产生的不正义。有学者指出,功利主义公共利益意味着,私人之间的法律行为将因为与多数人利益不符而无效,使得私人通过法律行为追求自身利益的同时负有照管乃至增益他人利益的义务[36]302。这既不可能,也不正当。虽然在当代功利主义引入帕累托最优后,利益最大化不以牺牲其他人利益为手段,但是仍然无法避免共同体内部的巨大差异。对于功利主义而言,全社会若由 100 人组成,一项公共决策可以使 1 人获利 100 元,99 人获利 0 元,与另一项公共决策可以使 1 人获利 0 元,99 人各获利 1 元(共获利 99 元),功利主义将选择前一项公共决策,因为从结果上来看,第一项决策使得全社会获利 100 元,而后一项获利 99 元。在实践中,第一项公共决策的获利人很

---

① United States v. Carroll Towing Co. ,159 F. 2d 169,173 - 174 (2d Cir. 1947).

可能是本来就享有更多社会资源的人,而功利主义的选择会加剧社会群体内部的不平等。因此,有学者批判功利主义的公共利益成了多余的概念,不仅失去了权衡和评价个体利益的功用,而且失去了其调节人际利益冲突以维护社会基本价值的功能,甚至堕落为"有效地达到私人目的的工具"[29]。另外,功利主义的公共利益构想对个人利益计算加总,但利益本身难以计量。因此,公共利益最大化是无法通过计算得到结果,并反馈给制度设计的。

综上,功利主义的公共利益构想就是组成"公共"的个体的利益的加总。这种公共利益的界定鼓励个人利益最大化,与市场经济中的理性人假设存在相通之处,在经济法学中得到青睐和发展。但这种公共利益的界定忽视共同体内部的个体差异,容易产生两极分化的结果。

2.2.2 社群主义的公共利益构想

社群主义认为,作为个人集合的社群享有的利益为公共利益。这种公共利益的理解与古希腊亚里士多德对城邦的公共利益的理解有相通之处。亚里士多德和他的学生曾对希腊 158 个城邦政治法律制度进行调查,并提出"城邦(或者叫城市)其实就是某一种社会团体,一切社会团体的建立目的都是为了完成某种善业"[19]1。亚里士多德主张以是否保护公共利益来判断政体正当与否,"各种政体,只要照顾到公共利益,就都是正当或正宗的政体;而那些只照顾统治者的利益的政体则都是错误的政体或偏离正宗政体的变态"[19]85。

社群主义的"社群"可以是小范围的家庭、社区团体、宗教团体,也可以是大范围社会运动的团体甚至国家。个体可能归属于多个社群,在不同社群中扮演不同的角色。社群主义公共利益的表现,主要包括公序良俗和社会公德。公序良俗,常常仰赖于特定时期和地区的道德风尚和习俗,也可能成为法律承认的标准。《专利审查指南》规定,社会公德是指公众普遍认为是正当的并被接受的伦理道德观念和行为准则。它的内涵基于一定的文化背景,随着时间的推移和社会的进步不断地发生变化,而且因地域不同而各异。可见,公序良俗和社会公德的含义比较接近。民法通说认为,公共利益、社会公德和公序良俗表达的都是相同的含义,常常交替使用[36]301。此处将公序良俗和社会公德作为同义词。

公序良俗和社会公德是社群主义的体现,因为公序良俗常常仰赖于特定时期和地区的道德风尚和习俗。例如,《美国宪法第一修正案》言论自由条款适用于淫秽色情的表达时,采取当下的社区的普通人标准,即普通人在相应的社区的伦理道德的标准下判断是不是纯引起性趣的①。另如我国指导案例 89 号"'北雁云依'诉济南市公安局历下区分局燕山派出所公安行政登记案"中,争议焦点在于原告自创姓氏是否"违反公序良俗"。法院认为,对姓氏传承的重视和尊崇,不仅仅体现了血缘关系、亲属关系,更承载着丰富的文化传统、伦理观念、人文情怀,符合主流价值观念,是中华民族向心力、凝聚力的载体和镜像;如果任由公民仅凭个人意愿喜好,随意选取姓氏甚至自创姓氏,则会造成对文化传统和伦理观念的冲击,违背社会良好风俗和一般道德要求。该案中,法院对于姓氏继承的论述体现了其对于姓氏理解的文化道德观念。公序良俗对于社群而言,属于共同的价值观,具有重要的支撑作用,但这并不意味着社群主义的公共利益具有天然的正当性,我国自新中国成立以来就长期对一些封建习俗进行移风易俗,例如改土葬为火葬。

在我国,社群主义有时还接近"集体主义"的观念,即假设个体属于某个集体[37],例如村集体、社区集体、单位集体、班级集体。当个人利益与集体利益发生冲突时,有观点认为个人利益应让位于集体利益,也有观点认为应进行利益衡量[38]。对于第一种观点,个人完全服从于集体而不考虑个人重大利益的保留,则可能出现以集体利益为名损害个人正当利益的情况。第二种观点似乎认为不同的利益都可以如同重量一般上称量一量,多加少减,但这在现实社会显然是不存在的。一则,不同利益涉及的法律价值不同;二则,不同利益的时间紧迫性可能也不同。若按照利益衡量的方法,当基本医疗保险要选择,是将常见病的治疗药物加入目录,还是将罕见病的治疗药物加入目录时,可能出现枉顾少数人性命而选择所谓的大多数人利益的结果。

---

① Miller v. California,413 U. S. 15 (1973).

而且,集体利益真的存在吗?若不同的集体利益出现冲突呢?社群利益最大化是否意味着社群中的每个人从中获利?这些问题对于社群主义而言,都是难以回答的。

综上,社群主义的公共利益构想是个人集合的社群享有的利益。这种公共利益的认识在法律上表现为公序良俗和社会公德,对共同体的价值观起到支撑作用。但社群主义的公共利益可能陷入利益主体缺失的境地,而且群体获益并不代表群体中的个人获益。

2.2.3 平等主义的公共利益构想

平等主义认为,公共利益应为个体所能够共同享有的利益,即使一些个人并没有真实享有。但也有人质疑"平等"是否具有实质意义,认为权利意味着多样性和差别性,而"平等"意味着统一性,两者的冲突使得平等本身不具有实质内容[39]。平等主义对于公共利益的理解,与康德的道德律相通。康德认为,"除非我愿意自己的准则也变为普遍规律,我不应行动"[40]13。对于平等主义而言,每个个体的意愿是平等而抽象地存在的,并在每个个体意愿一致时,可以转化为普遍规律。

平等主义的"平等"在于抽象的机会平等。拉德布鲁赫指出,平等不是预先规定的,只有物才"一模一样"不平等地被预先规定着[21]20。平等主义公共利益构想并不执着于"实际获益"的平等分布,而是关注"获益机会"的完全共享[37]。例如,杭州西湖的开放不仅对于生活在西湖附近的居民是有益的,对于其他地区甚至非杭州市民也是有益的,因为无论其什么时候想来西湖边走走,都不需要购买门票。西湖免收门票即可进入游玩的机会对所有人都是平等开放的,属于平等主义公共利益的体现。

平等主义对于每个个体获益机会的享有,与1948年联合国大会通过的《世界人权宣言》的理念相一致。《世界人权宣言》第22条规定:每个人,作为社会的一员,有权享受社会保障,并有权享受他的个人尊严和人格的自由发展所必需的经济、社会和文化方面各种权利的实现,这种实现是通过国家努力和国际合作并依照各国的组织和资源情况。第29条规定:(一)人人对社会负有义务,因为只有在社会中他的个性才可能得到自由和充分的发展;

（二）人人在行使他的权利和自由时,只受法律所确定的限制,确定此种限制的唯一目的在于保证对旁人的权利和自由给予应有的承认和尊重,并在一个民主的社会中适应道德、公共秩序和普遍福利的正当需要;(三)这些权利和自由的行使,无论在任何情形下均不得违背联合国的宗旨和原则。

平等主义强调个体获益机会的平等享有,与研究贫困问题的诺贝尔经济学奖获得者阿马蒂亚·森的自由发展观相一致。森认为,自由是享有人们有理由珍视的那种生活的可行能力,发展则是扩展人们享有的真实自由的一个过程[41]1。森的自由发展观与平等主义的公共利益的理解有相通之处,将公共利益视为扩展人们享有有理由珍视的那种生活的可行能力(机会)。这种理解破除了特定情境的约束,又可以在特定情境下融入解释。森的思想对于社会进步具有现实的指导意义,最显著的例子就是,联合国发布的《人类发展报告》就是按照他的关于发展的理论框架进行设计的[42]。正如我国扶贫过程中"一个也不落下"的理念,即使投入的时间、金钱、精力所耗成本高于贫困民众能够实际获得的收益,我国仍然坚定不移地投入脱贫攻坚,实现全面脱贫。脱贫攻坚战之所以能够胜利,正是因为全国民众对公平、平等的追求和热忱。

平等主义的公共利益理念与3.5节中公共健康和联合国2015年提出的《变革我们的世界:2030年可持续发展议程》(以下简称《2030年可持续发展议程》)的目标相一致。公共健康不仅是保障患有疾病的人的生命健康权益,而且保障任何一个群体中的健康人在患病后亦能够得到良好的医疗药物。这体现了平等主义的公共利益对于任何人都能有机会获得良好医疗服务的认同。《2030年可持续发展议程》提出的17个可持续发展目标和169个具体目标要让所有人享有人权,实现性别平等,增强所有妇女和女童的权能。这些目标的实现,不仅有利于获得真实帮助和利益的人,而且有利于社会上任何一个人因平等的社会秩序而享有获益的机会。

综上,平等主义的公共利益构想是个体所能够共同享有的利益,即使一些个人并没有真实享有。这种公共利益的构想与《世界人权宣言》的理念、消除贫困的自由发展观、联合国《2030年可持续发展议程》的目标相一致。

2.3　知识产权法中的公共利益类型

在知识产权法上,公共利益有时被认定为知识传播[43],有时则被认为是消费者利益[16]。有学者将知识产权法保护的公共利益分为两种:第一种公共利益是对智力成果享有知识产权的基础性的公共利益,第二种公共利益是不特定他人的受教育权、生命权、健康权等基本人权的公共利益[12]。还有学者认为,公共利益并不必然是无差别的,但确实是分散的,转而将与公共有关的事务,例如公民的权利义务、教育文化共享、共同治理,作为公共利益[2]95。知识产权促进公共利益的论点可能在一些人看来是不成立的,他们可能会提问:谁是公众? 公众包括其他国家的居民吗?

尽管对公共利益的概念没有一致观点,我国知识产权法的法律规范和司法实践中向来不乏公共利益的身影。梳理我国知识产权法中"公共利益"的法律规定和通常认定为公共利益的法律规定后可以发现,我国知识产权法中的公共利益实则有数种不同的指向。在此,我们将涉及公共利益的规定分为含有"公共利益"的法律规范和涉及公共利益的法律规定。

含有"公共利益"的知识产权法律规范分散在知识产权的权利取得、权利限制和侵权救济各方面。首先,在权利取得上,妨害公共利益的发明创造、植物新品种、商标不授予知识产权;政府资助项目产生的智力成果,若涉及重大公共利益的,相应的知识产权可能由政府取得,项目承担者无法取得知识产权;同时,申请专利的发明创造在申请日以前六个月内,在国家出现紧急状态或者非常情况时,为公共利益目的首次公开的,不丧失新颖性。其次,在权利限制上,国有企事业单位的发明专利对公共利益具有重大意义的,国务院可批准允许指定单位实施,进行推广应用并支付专利使用费;为了公共利益的目的,国务院专利行政部门可以给予实施发明专利、实用新型专利、集成电路布图设计、植物新品种的强制许可;政府资助项目承担者依法取得的知识产权,国家为了重大社会公共利益的需要,可以无偿实施,也可以许可他人有偿实施或者无偿实施。最后,在权利救济上,侵犯著作权或邻接权,或故意破坏保护著作权的技术措施,同时损害公共利益的,相关行政管理部门可以对侵权行为处以行政处罚；另外，基于公共利益的考量，法院可以不判令被告停止知识产权侵权行为，而判令其向权利人支付合理费用。

除了含有"公共利益"的知识产权法律规范外，我国知识产权法律还有许多公共利益相关的规定，主要体现在立法目的、权利客体和权利限制等方面。立法目的条款通常由以下几个部分组成：保护知识产权权利人的合法利益、鼓励智力成果创造和应用、促进社会发展。知识产权客体的法律要件上也常常体现保护公共利益的考虑。例如，违反社会公德，或违法获取或者利用遗传资源并依赖该遗传资源完成的发明创造，不授予专利权。与国家名称等相同或近似的标志、商品的通用名称、商品自身性质产生的形状的三维标志不得注册为商标，也体现了维护公平竞争市场秩序的公共利益。在权利限制方面，给予专利强制许可的情形除了"为了公共利益的目的"，还有"国家出现紧急状态或者非常情况"的情形。著作权法允许在报道时事新闻、课堂教学或者科学研究等特定情况下可以不经著作权人许可，亦不用支付报酬使用作品。对于为国家义务教育和教育规划编写出版教科书，除非作者事先声明不许使用的外，可以不经著作权人许可，按照规定支付报酬后使用。注册商标专用权人无权禁止他人正当使用其注册商标中的商品通用名称、三维标志中含有的商品自身性质产生的形状等标识。

我国知识产权法律对"公共利益"或者与公共利益相关的情形进行了规定，但是并未规定公共利益的内涵。根据2.2节，功利主义、社群主义和平等主义对"公共"和"利益"的不同理解，分为效用加总式的主观偏好的满足、集体或群体的客观价值的实现和平等享有的客观价值的实现。这三种构想在我国知识产权法对公共利益的理解中都有所体现。本节在2.2节公共利益的功利主义、社群主义和平等主义三种设想的基础上，对我国知识产权法中的公共利益进行讨论。

2.3.1 激励知识创新的功利主义公共利益

如2.2.1所述，功利主义认为，公共就是个体的加总，公共利益就是社会的整体幸福，但只有关注个体幸福才可能实现整体幸福。以边沁、密尔为代表的古典功利主义认为,促进个人利益即实现公共利益。相应地,功利主义加总式的公共利益通过市场经济下个体追求个人利益最大化,从而有效地促进公共利益。我国知识产权法中激励知识创新的公共政策即是功利主义加总式的体现。

知识产权本身存在功利主义的浓重色彩,通过专有权激励智力成果的创造和推广应用。知识产权作为财产权,能够激励作者创作并向市场推销作品获利。例如,职业推理作家、被称为"中国版东野圭吾"的紫金陈直言不讳地说道:"金钱是我最大的写作动力。"罗索夫斯基担任哈佛大学文理学院院长时,曾询问哈佛大学最杰出科学家之一的一位科学家其科学灵感来源,该科学家直言道:"金钱和恭维。"为最大化实现知识产权客体的总量提升,知识产权法律制度应按照交易成本最小的方式设计。

就功利主义注重最后结果的加总来看,我国知识产权法提升智力成果总量的制度,可以认为以实现功利主义式的公共利益为目的。我国《赋予科研人员职务科技成果所有权或长期使用权试点实施方案》(国科发区〔2020〕128号),将高校科研院所政府资助项目下的科技成果的所有权或长期使用权赋予研发的科研人员。该文件提出"科技成果只有转化才能真正实现创新价值,不转化是最大损失"的理念,探索"促进科技成果转化的机制和模式,着力破除制约科技成果转化的障碍和藩篱,通过赋予科研人员职务科技成果所有权或长期使用权实施产权激励,完善科技成果转化激励政策,激发科研人员创新创业的积极性,促进科技与经济深度融合,推动经济高质量发展,加快建设创新型国家"。这一文件与美国20世纪80年代出台的《拜杜法案》相似,鼓励私主体将"沉淀"的专利进行商业化,用于产业制造。但不同于《拜杜法案》将联邦政府资助项目的科技成果的专利权归属于受资助人,我国将科技成果的专利权或者长期使用权归属于科研人员,可谓是在美国的实践上更进一步。这一规定将大大鼓励科研人员从事发明,并提升将专利用于产业制造进行市场化的积极性。

我国对知识产权授权予以财政补贴,鼓励智力成果创造。行政机关对知识产权进行登记和审查,根据行政法上的受益负担理论,专利权人申请并获得专利权,应承担相应的行政审查费用[44]108。但中央以及地方政府对知识产权登记和审查的行政收费予以取消或者补贴。例如，我国对专利行政收费予以补贴，对专利权的申请费用和维持费用予以财政补贴，推动产生大量的专利。这些公共政策的实施，对于专利授权数量的提升有明显的效果。世界知识产权组织（WIPO）发布的《世界知识产权指标 2020 报告》的数据显示，我国发明专利申请量连续第 9 年位居世界第一，2019 年达到 140 万件，是第二位美国的两倍多，发明专利授权 45.3 万件，亦远远高于美国。

在著作权法上，有些地方对作品登记进行补贴。根据《中国版权保护中心著作权自愿登记收费标准》，著作权登记的收费在 100 ~ 2000 元/件不等，但是有些地方对著作权实行免费登记。一些地方将作品登记数量作为省级及国家级版权示范城市、单位和园区（基地）评选的重要条件，鼓励地方建立各种有效的作品登记资助激励机制。2019 年，全国作品登记量超过 400 万件。

此外，法院在司法实践中也存在以功利主义的效果导向决定对诉争知识产权客体使用的安排。在指导案例 86 号"天津天隆种业科技有限公司与江苏徐农种业科技有限公司侵害植物新品种权纠纷案"中，双方当事人相互以对方为被告，分别向法院提起两起植物新品种侵权诉讼。该案中，法院为促进该植物新品种继续种植生产的社会效益，判令分别持有植物新品种父本与母本的双方当事人，相互授权许可并相互免除相应的许可费。对于相互侵权行为，通常的处理方式是认定侵权后判决停止侵权行为，并根据侵权行为导致的损害结果判决赔偿。此后由侵权行为当事人自主进行谈判，协商许可条件。不同的植物新品种的开发投入以及对于产生的新品种的价值可能比重不同，因此法院直接判决相互许可并免许可费，可能并不合宜。即使在专利法上，改进发明的专利权人想要获得在先专利的强制许可，也须符合改进专利具有显著经济意义的重大技术进步这一规定，且只有实施有赖于在先基础专利的，才能向国务院专利行政部门申请给予实施基础专利的强制许可。

应指出，我国知识产权法并非全然功利主义导向的，否则知识产权的初始归属应为雇主或者出版商。无论是从交易的信息还是协商能力而言，雇主和出版商拥有优于作者和发明人的交易优势。我国《著作权法》规定职务作品的著作权归属时,认定完成作品的自然人至少享有署名权。署名权对于自然人而言,不仅仅关系到人格利益,还涉及财产利益,使得自然人有机会树立品牌形象,为其带来名誉和商业机会[45]。因此,署名权的规定体现了平等主义的理念。即使合理使用他人作品时,使用人也应指明作品名称、作者和作品出处,尽管查明作者信息可能带来巨额的经济负担,我国《著作权法》也不予免除。

我国知识产权法功利主义式的公共利益以促进智力成果总量提升为目标。但这并不意味着知识产权保护的智力成果越多,知识产权法越能实现激励创新的目标,反而可能阻碍创新。以专利资助而言,专利数越多,保护越强,可能并非促进创新,反而妨碍创新,特别是在渐进性技术创新的产业领域。比如,在基因技术领域,美国麻省理工学院的实证研究表明,知识产权保护对后续创新产生持续的负面影响[46]。加强知识产权保护能激励研发投资,但这不是创新的充分条件。美国国家经济研究局的研究表明,创新取决于研发投资和公共知识库之间的协同作用[50]。知识产权保护虽然激励创新投资,但会削弱知识的外部效应。即便知识产权保护增强研发投资,但它对公共知识库的负面影响就足以妨碍创新[47]。专利保护鼓励新技术及早公开,但同样影响到科技知识及时传播,这已有实证研究支持[48]。

过度的知识产权保护导致知识扩散的外部效应受限在商业秘密方面亦有支持证据。有学者对美国的加州硅谷和麻州128公路两个高新技术区进行比较研究,发现硅谷的发展速度远远高于128公路,原因在于加州不允许竞业限制合同而麻州允许竞业限制合同[49]。禁止竞业限制合同使得雇主无权限制雇员进入竞争对手公司工作,而在此过程中雇员也将其习得的技能和技术在新公司继续使用,虽然可能伴随着泄露原雇主商业秘密的风险,但是由此带来的信息扩散确实整体上提升了整个地区的创新水平[49]。这一研究表明,劳动力自由流动带来的信息扩散效应有利于地区发展,虽然可能负面影响雇主对于商业秘密的投资投入。由于竞业限制合同签订时,雇员相对于雇主通常处于谈判的弱势地位,因此雇主常常为免后顾之忧,要求雇员在工作期间及离职后不得进入竞争对手公司工作。诚然,这一约定使得雇主不必担心其商业秘密被泄露或不正当使用,但是雇员却被禁止利用其熟悉的经验和技能获得工作机会，并且妨碍商业秘密以外的一般经验、技术和经营信息在同行业内流动，不利于整个行业的创新。

同时，鼓励知识产权授权登记，可能带来高昂的制度成本。在美国，版权登记是提出版权侵权诉讼的前置条件，而且可能因为等待版权局的登记结果花费数月[50]。但在我国，著作权登记与否对著作权人行使著作权影响甚微。我国著作权登记是形式审查，即著作权登记机关对申请登记材料形式上是否符合要求进行审查，并不会进行实质审查。作品登记证书通常用于证明著作权归属的事实，但是证明力不高。有观点认为，著作权登记是以国家公权力为担保的权属证明[51]。也有当事人认为著作权登记证书可以证明涉案作品受著作权法保护、著作权归属等。但司法实践中，法院通常不支持前述观点。在一起乐高积木的著作权纠纷案中，原告主张其已经对涉案乐高积木块进行著作权登记，因而能够获得著作权保护，但最高人民法院认为，著作权登记证书并不是认定某项客体具有独创性并获得保护的决定性依据，在个案中对某项客体是否具有独创性做出审查判断是法院的职权，法院有权对独创性问题重新做出审查判断①。事实上，我国台湾地区 1998 年的所谓"著作权法"就废止了著作权登记制度，主要理由之一就是"耗损著作权法主管机关行政资源过巨，影响其他著作权事务之发展"[52]138。

另外，对于前面提出的专利财政补贴问题，我国政府开始采取措施，取消资助。国家知识产权局印发《关于进一步严格规范专利申请行为的通知》（国知发保字〔2021〕1 号）（以下简称《通知》）对一般资助的政策进行重大的调整，对资助的方式、对象和期限等进行限定，并要求在 2025 年前全部取消一般资助。由此，未来专利资助确实可能不再有一般资助。但《通知》并未取消专利试点示范单位的评选，并提出"着力优化专利资助相关财政资金的使用管理，强化专利保护运用，重点加大对后续转化运用、行政保护和公共服务的支持"。结合当下的实践，专利资助优化很可能是向专项资助倾斜，因为专项资助的企业通常是持有多项专利的科技型企业。因此，虽然《通知》对专利资助提出诸多新的要求，但是仍然区分一般资助和专项资助以进

---

① 最高人民法院民事裁定书（2013）民申字第 1329 号。

行政策调整,该区分仍然必要。

综上,我国知识产权法中激励知识创新的法律规则和公共政策体现了功利主义的公共利益构想。知识产权通过专有权激励知识产权客体的创造和传播应用,实现社会效益的最大化。我国还通过知识产权取得的财政补贴,鼓励知识产权申请和登记。但知识产权越多,知识创新并不是越活跃,知识产权保护可能阻碍持续创新。

2.3.2 维护社会公德的社群主义公共利益

如2.2.2所述,社群主义认为,公共利益是作为个人集合的社群享有的利益。公序良俗和社会公德是社群主义的体现,因为公序良俗和社会公德常常仰赖于特定时期和地区的道德风尚和习俗。同时,在我国,社群主义接近于"集体主义"。我国知识产权法上社群主义式的公共利益主要表现为对公序良俗和社会公德的维护,以及对特定群体利益的维护。在这种情况下,保护知识产权权利人的合法权益与保护某个社群的利益的相比,似乎前者要让位于后者。但这种处理也存在诸多问题,而且可能出现"同案不同判"的局面。

《专利法》规定,对违反社会公德的发明创造,不授予专利权。《专利审查指南》列举了违反社会公德的发明创造,例如,带有暴力凶杀或者淫秽的图片、照片的外观设计,非医疗目的的人造性器官或者其替代物,人与动物交配的方法,改变人生殖系遗传同一性的方法或改变了生殖系遗传同一性的人,克隆的人或克隆人的方法,人胚胎的工业或商业目的的应用,可能导致动物痛苦而对人或动物的医疗没有实质性益处的改变动物遗传同一性的方法等。上述发明创造违反社会公德,不能被授予专利权。适用社会公德驳回专利申请的实践,例如驳回情趣用品发明专利申请。在德尔专利私人有限公司与国家知识产权局行政纠纷案①中,涉案专利申请为一种通过模仿男性生殖器外形、模拟男性生殖器活动方式,进而为人体提供刺激、满足生理需求的装置。国家知识产权局认为,该专利申请实质上是用于非医疗目

---

① 北京知识产权法院行政判决决书(2019)京73行初11371号。

的的人造性器官或其替代物,违反社会公德,驳回专利申请。法院审查后认为,就现阶段国内民众的普遍心理而言,以非医疗为目的的人造性器官或其替代物尚难登大雅之堂,超出了我国当前社会心理所能容忍或接受的底线,因此,对本申请不宜通过授予专利权的方式予以保护。但此类情趣用品在我国属于合法流通的商品,而且此类商品的技术方案在其他国家可能授予专利权。

《商标法》规定,"有害于社会主义道德风尚或者其他不良影响的"标志不得作为商标使用。《商标审查及审理标准》规定,社会主义道德风尚是指我国人们共同生活及其行为的准则、规范以及在一定时期内社会上流行的良好风气和习惯;其他不良影响,是指商标的文字、图形或者其他构成要素对我国政治、经济、文化、宗教、民族等社会公共利益和公共秩序产生消极的、负面的影响。有害于社会主义道德风尚或者具有其他不良影响的判定应考虑社会背景、政治背景、历史背景、文化传统、民族风俗、宗教政策等因素,并应考虑商标的构成及其指定使用的商品和服务。"'MLGB'商标权无效宣告请求行政纠纷案"①中,原告申请注册"MLGB"商标,第三人提起异议,原告诉称涉案商标指称"My life is getting better",但是商标评审委员会认为,原告并未提交证据证明该含义已为社会公众熟知,社会公众更易将"MLGB"认知为不文明用语,用作商标有害于社会主义道德风尚,易产生不良影响。法院支持商标评审委员会的决定,认为网络环境下已有特定群体认为"MLGB"具有不良影响的含义,应认定涉案商标含义消极、格调不高。

在停止侵权责任承担时,有法院以维护公共利益为由,实质上维护特定群体的利益。在"'星河湾'侵害商标权及不正当竞争案"②中,最高人民法院认为,被告将与"星河湾"商标相近似的"星河湾花园"标识作为楼盘名称使用,容易使相关公众造成混淆误认,构成对商标权人的侵犯,判令被告在其尚未出售的楼盘和将来拟开发的楼盘上不得使用相关"星河湾"名称作为其楼盘名称,并赔偿商标权人经济损失 5 万元。法院认为,考虑到包含"星

① 北京市高级人民法院行政判决书(2018)京行终 137 号。
② 最高人民法院民事判决书(2013)民提字第 102 号。

河湾"字样的小区名称已经被民政部门批准,小区居民也已入住多年,且并无证据证明其购买该房产时知晓小区名称侵犯星河湾公司商标权,如果判令停止使用该小区名称,会导致商标权人与公共利益及小区居民利益的失衡,故不再判令停止使用该小区名称。但法院判决并未指明"公共利益"的内容。判决中将"公共利益"与"小区居民利益"并列,似乎认为两者具有不同的含义。但在该案入选"2015 年中国法院 10 大知识产权案件"时的"典型意义"处指出,"该案判决既在合法范围内维护了商标权人的利益,也避免了对社会公共秩序和公共利益造成不应有的影响和侵害,充分发挥了司法裁判的价值指引作用"。可见,法院还是将公共利益与小区居民利益等同看待,交替使用。

公序良俗对于社群的习俗和价值观而言具有重要的地位和作用。《民法典》第八条规定:"民事主体从事民事活动,不得违反法律,不得违背公序良俗。"公序良俗作为联结社会公共利益、社会一般道德与民法的纽带,在社会生活中起到了维护国家和社会一般利益和基本道德的职能[53]。民法上的公序良俗原则通常用于"以从事犯罪或帮助犯罪行为作为内容之合意"类型,例如"为受托人找关系解决就业""找关系打赢官司""调查婚外不正当关系",也可能用于"造成他人祖坟破坏""遮盖祖坟行为"等侵害物权和人格权益的类型[54]。但公序良俗原则也可能存在法官判断或者新闻媒体的声音替代社会公德和公序良俗的法律判断等问题,因此可能出现私人自治的正当预期被践踏的问题[54]。不同于明文规定的法律规范,公序良俗或者社会公德通常没有统一的规定,常常为不同地方的习惯做法,而且也处于不断变化之中。

但公序良俗在法律适用时容易陷入"同案不同判"的困境。这种困境可能有两种原因。第一种原因可能只是知识产权审查程序的差异。查询我国专利申请授权数据库中情趣用品相关的技术方案发现,申请发明专利的通常被驳回申请,而申请实用新型专利的却可能通过申请,甚至出现大体相同的情趣用品的技术方案分别申请了发明专利和实用新型专利,发明专利申请被驳回,而实用新型专利授权的结果。可见,当事人可以利用专利审查程序上的区别,仍然获得被认为"违反社会公德"的发明创造的专利权。这种原因导致的不同结果是可以在后续的程序中解决的,因为任何单位或者个人认为该专利权的授予不符合有关规定的,可以请求国务院专利行政部门宣告该专利权无效。若没有人请求宣告无效,情趣用品的专利权人在遇到他人未经许可使用其专利技术方案,诉至法院时,法院仍然可能以专利技术违反社会公德而不予保护。

公序良俗或者社会公德的"同案不同判"的另一种原因,即是对公序良俗或者社会公德的见解存在分歧。例如,《鬼吹灯》小说著作权人向法院请求以《反不正当竞争法》第 6 条规定禁止他人未经许可使用"鬼吹灯"商业标识,法院即使了解到商标主管部门以"鬼吹灯"标识具有封建迷信的不良影响而不予注册的决定,仍然认为该决定不影响该案中"鬼吹灯"标识可以构成知名商品特有名称的认定①。法院提出,考虑到"鬼吹灯"作为涉案系列作品的名称或名称的主要部分在版权、广电等主管部门得到审核和行政许可,并经过长期使用,应构成《反不正当竞争法》保护的知名商品特有名称。对于"鬼吹灯"标识,商标评审委员会主张该标识不得作为商标使用,因此也不应作为识别商品来源的未注册商标进行使用并获得法律保护,但法院认为"鬼吹灯"标识可以在市场竞争中享有知名商品特有名称的法律保护。由此产生行政机关与法院对于"鬼吹灯"标识应否受保护这一问题上的分歧。

由于公序良俗或社会公德通常需要考察特定群体的价值观念和理解,因此在证明和证据材料上可能陷入难题。在"'泰山大帝'商标争议案"②中,争议商标是核准注册在石膏板商品上的"泰山大帝"标识,第三人向商标评审委员会提出争议申请,主要理由为:争议商标有害于宗教信仰、宗教感情或者民间信仰,应根据《商标法》第 10 条第 1 款第(8)项的规定予以撤销。商标评审委员会裁定,"泰山大帝"为道教众神之一,是道教山东泰山地区独有的神灵名称,作为商标使用,容易伤害宗教人士的感情,从而产生不良影响,因此撤销争议商标,一审法院判决支持。但二审法院判决撤销一审判决,主要理由是缺乏将"泰山大帝"作为神灵称谓的国家官方记载;第三人提

---

① 江苏省高级人民法院民事判决书(2018)苏民终 130 号。
② 最高人民法院行政判决书(2016)最高法行再 21 号。

交的说明、网络报道等证据缺乏历史考证，且上述报道是文学杜撰，无其他证据印证，不足以证明"泰山大帝"确实在宗教领域为信仰者或崇拜者使用或直接关联。再审法院考察，相关宗教机构人士的认知以及道教在中国民间信众广泛的历史渊源和社会现实，认为"泰山大帝"称谓系客观存在，具有宗教含义，作为商标加以注册和使用，可能对宗教信仰、宗教感情或者民间信仰造成伤害，从而造成不良影响。前述案件中，为查明争议商标是否损害宗教感情和信仰，法院考察不同的证据材料，提出不同的认定标准，并得出不同的结论。这种实践对于公序良俗或社会公德的认定较为常见。

应指出，以公共利益之名维护特定群体的利益，可能损害更大的群体利益。在"'星河湾'侵害商标权及不正当竞争案"中，最高人民法院认为没有判令侵权行为人在已经出售的房产上停止使用"星河湾"标识，确实维护了小区居民的利益，至少小区居民不需要因为更改小区名称和地名而更改住址信息。但市场上其他消费者可能误以为涉案房产为商标权人提供或者与商标权人存在关联关系，而且此种混淆可能长期存在，包括涉案小区居民在转售房屋时，购买人可能以为是商标权人开发的房地产项目。在另一起"星河湾"商标侵权案中，侵权行为人以最高人民法院在"'星河湾'侵害商标权及不正当竞争案"中保护小区居民利益为由请求不判令停止侵权，但法院认为，停止使用该楼盘名称亦不会产生公共利益或者小区居民利益失衡的后果，更不会使其生活习惯发生重大变化。而如果不及时停止"星河湾花园小区"地域名称的使用，却会使商标权人的注册商标权权益受损[①]。在前述案件中，虽然案情相似，但是法院对于公共利益的界定以及对于未来的影响，理解不同，因此做出不同的判决。

综上，我国知识产权法上社群主义式的公共利益主要表现为对公序良俗和社会公德的维护，以及对特定群体的利益的维护。但公序良俗或社会公德的判断容易陷入"同案不同判"的境地，主要原因是公序良俗或社会公德的抽象概念和个案认定上的分歧。同时，有时法院以公共利益维护特定群体利益，可能削弱相关产业的整体创新，损及更大的公共利益。

---

① 河北省高级人民法院民事判决书(2019)冀民终 412 号。

2.3.3 共享知识获益的平等主义公共利益

平等主义认为,公共利益应为个体有机会能够享有的利益。平等并不是指预先规定的绝对的平等。相对于功利主义和社群主义,平等主义在知识产权法中的体现更加广泛和明显。首先,知识产权法允许任何智力成果在符合法定要件的前提下,享有知识产权。其次,我国知识产权法对知识产权的保护范围按照权利类型予以统一规定。最后,限制知识产权的公共利益事由也通常出于平等主义的考虑。在此就药品专利强制许可、视力障碍者获得书籍和公共服务进行讨论。

对于医药产业而言,知识产权保护对于新药研发具有重要的激励作用。医药公司基于医药专利权对医药的市场流通和价格进行管控,以获得利润。医药专利对于公众而言存在两方面的影响:一是知识产权激励新药研发,公众由此有可能获得更多的新药。二是知识产权使得医药专利权人垄断市场且定价较高,公众可能难以负担专利药。2001年时,用于治疗艾滋病的抗反转录病毒疗法,葛兰素史克公司在美国提供的专利药价格是每人每年1万美元,印度西普拉公司提供的仿制药价格约为每人每年350美元,两者的费用相差30倍之多。《TRIPS协定》生效前,一些发展中国家将医药排除在专利权保护之外,以便国内仿制价格相对低廉的医药或者进口仿制药。但这也意味着当地医药企业几乎不会从事新药研发,以及从事新药研发的企业只能在保护医药专利的国家享有市场垄断地位,相应的医药价格可能也会更加高昂。例如,用于治疗艾滋病的抗反转录病毒疗法花费甚高,平均每位病人每年需1万到1.5万美元,如今仍然有1520万人未能获得治疗[55]。

我国专利法保护医药专利,并且对新药上市审评、审批的时间予以专利权期限补偿,同时规定为公共利益可以强制许可药品专利。对于医药专利强制许可,国务院规定,对防治重大疾病所需专利药品,必要时可依法实施强制许可。前述"重大疾病",例如病毒性肝炎,据统计,我国现有乙肝携带者约8600万,丙肝携带者约1000万。卫计委等部门印发的文件指出,部分抗病毒治疗药品价格昂贵,药物可及性较差,严重影响病毒性肝炎防治、威胁公共健康时,依法实施药品专利强制许可。但至今为止,我国尚未有医药专利强制许可的先例。

除了公共健康的强制许可外,著作权法规定的著作权的限制,许多情形为公众平等享有机会的体现,例如,视力障碍者阅读书籍的权利的限制。根据中国残疾人联合会 2010 年的推算,2010 年末,我国有视力残疾者 1263 万人[56]。视力障碍者难以通过视觉感官阅读普通出版的书籍,其通过阅读获得知识和发展的机会受限。我国《著作权法》第 24 条规定了"以阅读障碍者能够感知的无障碍方式向其提供已经发表的作品"的合理使用情形。该规定来自"为盲人供书"的《关于为盲人、视力障碍者或其他印刷品阅读障碍者获得已出版作品提供便利的马拉喀什条约》(简称《马拉喀什条约》)。根据世界盲人联盟的估计,只有十分之一的实际残疾者有机会去上学或获得工作机会,缺乏可使用的书籍是视力障碍者获得教育、独立和丰富生活的实质性障碍。2013 年,WIPO 成员国通过了《马拉喀什条约》,以解决这一通常被称为"全球书荒"的问题。对于视力障碍者使用作品限制著作权,对著作权人通过专有权从作品的创作和传播中获利的影响不大,因为不会影响作品的主要市场需求。但是此种著作权限制的情形,却能够惠及视力障碍者获得阅读和相应的发展机会。

同时,我国法院在判令停止侵权可能妨碍公共服务供应时,可能判令不停止侵权。在"深圳万向泰富环保科技有限公司诉深圳市盐田区建筑工程事务局等侵害发明专利权纠纷"①(以下简称"三维排水联结扣装置发明专利侵权案")中,原告享有名称为"三维排水联结扣装置"的发明专利,被告在深圳市盐田区海滨栈道上未经许可使用原告享有专利权的排水联结扣装置,侵犯了原告的专利权。但法院认为,涉案工程系市政工程,如判决停止侵权既不经济也会损害公共利益,也不便于实际执行,因此没有判令停止侵权,而是判令赔偿合理使用费。

司法实践中,也有法院通过设定停止侵权的宽限期来减轻停止侵权对公众的影响。例如,"深圳街电科技有限公司、深圳来电科技有限公司侵害

---

① 最高人民法院民事裁定书(2015)民申字第 2758 号。

实用新型专利权纠纷"①(以下简称"充电装置实用新型专利侵权案")中,被告街电公司已经大量投放公共场所的充电装置落入原告的实用新型专利权范围,即便法院认定构成侵权,考虑到被诉产品被设置在各大商场,已经被广大消费者广泛使用,如果被判决停止使用,将会影响到消费者的利益,也要考虑判决停止侵权给公共利益和社会资源所造成的影响。法院认为,对于使用行为,鉴于街电公司已在各地大范围投放侵权产品,判令街电公司在判决生效后立即停止使用行为实际上亦无法执行,故限定街电公司应在判决生效之日起 30 日内停止使用侵权产品的行为。相对于容忍侵权产品或服务继续在市场上使用,或立即停止侵权产品或服务,判令停止侵权的宽限期,使得侵权行为人有时间准备停止使用侵权产品时的方案,也仍然保障了知识产权权利人对知识产品的市场垄断地位。

司法实践中,有法院出于担心智力成果可能从市场上消失,而不判令停止侵权,则可能忽略了侵权行为人可以事后与权利人达成授权许可的可能。在"原告杭州大头儿子文化发展有限公司诉被告央视动画有限公司著作权侵权纠纷案"②(以下简称《大头儿子和小头爸爸》著作权侵权案)中,原告享有 1995 年推出的《大头儿子和小头爸爸》动画片中"大头儿子""小头爸爸""围裙妈妈"人物形象的著作权,后来央视未经原告许可对前述人物形象进行改编创作,2013 年推出了《新大头儿子和小头爸爸》动画片。法院认为,被告侵犯了原告就三个人物形象享有的著作权,但是不判令停止侵权,其中重要理由之一是"如果判令被告停止播放《新大头儿子和小头爸爸》动画片,将会使一部优秀的作品成为历史,造成社会资源的巨大浪费"。而法院判令停止侵权行为,并不意味着侵权作品必然从市场上消失,侵权作品等在先作品的著作权到期后,即可以自由使用在先作品。但是可能有人质疑,著作权保护期限较长,这种消极等待的方式可能不具有现实意义,因为等到在先作品保护期到期,侵权作品也已经失去原本对其感兴趣的观众了。尽管如此,侵权作品行为人可以与在先作品著作权人协商授权条件,取得著作权许可。

---

① 最高人民法院民事判决书(2019)最高法知民终 107 号。
② 浙江省杭州市滨江区民事判决书(2014)杭滨知初字第 634、635、636 号。

这种方式对于知识产权作为一种市场化的权利,具有合理性。

应指出,平等主义公共利益构想下,平等机会共享的利益对于弱势群体而言异常重要。对于知识产权的保护而言,虽然权利人对智力成果的市场垄断地位可能因为保障弱势群体平等享有的机会而被限制或者削弱,但是这种平等享有的机会对于权利人而言也是真实存在的,因此可以被认同和接受。对于公共利益的保护,应倾向于弱势群体的保护。为弱势群体平等享有发展机会,允许对知识产权进行限制。保护弱势群体的平等发展机会,能够为社会整体带来利益。有研究表明,1995 至 2015 年间,艾滋病的抗反转录病毒疗法使得全球范围内 950 万人免于死亡,带来全球经济利益 1.05 万亿美元,相当于每花 1 美元在抗反转录病毒疗法,带来 3.5 美元的收益[55]。若能实现联合国艾滋病 2030 项目的"90 – 90 – 90"目标,1995 至 2030 年预计将使得 3490 万人免于死亡和带来 4.02 万亿美元的经济收益[55]。另一个典型例子是《马拉喀什条约》,其目标为提高全世界印刷品阅读障碍者获取图书、杂志和其他印刷材料的途径,从而实现下列预期的益处:(1)提高对于印刷品阅读障碍群体和残疾人面对的挑战的认识;(2)提高受教育的机会;(3)加强社会融合和文化参与;(4)削减贫困并提高对于国家经济的贡献[57]。《马拉喀什条约》被视作知识产权法保护基本人权的重要实践,将人权保护引入著作权的限制规定中,被认为是该条约的创新实践。

对于公共服务或商品的供应而限制知识产权,有可能不具有坚实的基础,尤其是存在其他可选择的途径时。司法实践中,法院可能因为侵权产品或服务已经用于政府单位或者公共事业而认为判令停止侵权将损害公共利益,例如用于海滨栈道市政工程的"三维排水联结扣装置",用于医院的"浙江省医院预约挂号系统"①,央视制作的《新大头儿子和小头爸爸》动画片。但法院对于私主体向公众提供的商品或服务侵犯他人知识产权的,通常判令停止侵权,例如已经投放公共场所的充电装置。政府或者公共事业单位向公众提供的商品或者服务侵犯知识产权的,主要原因在于商品或服务的中标单位侵犯他人的知识产权。从合同法的角度,政府或公共事业单位采

---

① 浙江省高级人民法院民事判决书(2013)浙知终字第 289 号。

购商品或服务时应约定商品出卖人或服务提供者提供的商品或服务不得侵犯他人的知识产权,若违约则应承担权利瑕疵的违约责任,并承担侵权行为导致的损害结果。但现行司法实践的做法,使得一些企业在提供公共服务侵犯他人知识产权时,却因为与政府合作,而享有不必停止侵权的优待。这会不恰当地限制知识产权权利人对其知识产品的市场控制能力,也不利于建设尊重创新和保护知识产权的营商环境。

同时,为药物可及性强制许可医药专利对公共利益可能有短期和长期的不同影响。专利强制许可制度短期内有它的积极效果,但从长远视角观察,它有可能产生阻遏外资进入的负面效应,因为强制许可只是解决了发展中国家对药品的一时之需,并不能根本解决发展中国家民众的长远需求[58]。而且,如果一国长期生产仿制药,可能会形成对国外新药研发的依赖,始终落后于他人,面对本国的公共健康问题可能难以解决。而且,实践中,药品可能由多项专利构成,还有商业秘密保护的药品研发技术和实验数据,即使颁发强制许可,仿制药企业可能仍然没有能力生产专利药品。

综上,从平等主义的角度,人们通常愿意为弱势群体平等享有的机会而合理限制自己的权利。但是政府或者公共事业单位是否就等同于公共利益,并不是当然的结论。而且,法院可以选择宽限期等方式,减轻停止侵权带来的不利后果。

2.4 本章小结

对于公共利益的概念,不同的哲学流派有不同的理解,大致可以分为功利主义的公共利益、社群主义的公共利益和平等主义的公共利益三种构想。功利主义公共利益强调结果(效用)上主观偏好的加总,社群主义公共利益强调客观价值上的集体或群体利益的维护,平等主义认为是客观价值上的平等享有。

前述三种公共利益的构想,可以对应到知识产权法中的公共利益。梳理我国知识产权法中的"公共利益"法律规定和通常认定为公共利益的法律规定后可以发现,我国知识产权法中的公共利益实则有数种不同的指向。

按照法理学上关于公共利益的三种构想，可以将知识产权法中的公共利益分为功利主义激励知识创新的公共利益、社群主义维护社会公德的公共利益和平等主义共享知识获益的公共利益。功利主义的公共利益无法避免或者并不在意共同体内部的巨大差异。社群主义的公共利益为作为个人集合的社群享有的利益，但是可能出现以集体利益为名损害个人正当利益的情况。平等主义的公共利益为个体所能够共同享有的利益。

3 公共利益与知识产权法的历史发展

3.1 引言

知识产权法并不是横空出世的法律,而是在历史长河中不断演进发展的制度。虽然知识产权法开始时可能只是因为历史上的偶发意外,但是经过世世代代的发展,形成现在的样子绝非历史的意外。原理是隐藏在现象背后的,需要被揭示、被发现[59]。本章意在揭示和发现被隐藏在现象背后的原理。考虑到某部法律的规则体系之庞大和繁杂,有必要将研究聚焦在该法律体系中的重要内容上。对于知识产权法而言,特殊之处在于其规范的法律关系为知识产权客体之上的人身财产关系。换言之,知识产权本身,包括知识产权的产生和范围,是知识产权法中最为核心的问题。对于前述问题,公共利益始终扮演着重要角色,影响知识产权的效力和行使,为知识产权廓清权利边界。

应指出,"知识产权"这一概念,虽然现在似乎具有明确的内涵和外延,但追究其历史,可以发现其主要由著作权、专利权、商标权和商业秘密等组成。在美国 1787 年宪法通过时,还没有"知识产权"的概念,但在宪法上确定了发明权和作品上的排他权(即专利权和版权)。虽然法国有《知识产权法典》,但仅罗列各项知识产权。包括我国在内,美国、德国等大部分国家没有统一的知识产权法,而是由《著作权法》《专利法》《商标法》等部门法组成。相应地,追溯知识产权法的历史时,应回到《专利法》《著作权法》《商标法》等分支中去。

3.2 知识产权法的历史分期

历史分期的确定,直接牵涉到历史叙事的时空维度的把握,应谨慎对待。本节首先考察学者关于知识产权法发展演进的历史分期的研究。有学者以重要的知识产权法律为标准,以英国《安妮法》《垄断法》的颁布为知识产权法的诞生期,主要西方国家确立专利法、商标法和著作权法并向知识产权法律制度国际一体化努力为定型期,以 20 世纪后期第三轮技术革命和相应新的知识形态为单独的时期[4]。这种历史分期的方式对定型期和 20 世纪后期的两个分期的标准比较模糊。而且,这两个分期在时间跨度上比较大,却没有指明重要的知识产权法的历史事件,因此,此处不采用该分期。此外,有学者针对 19 世纪下半叶以来保护知识产权的国际公约的签订,将知识产权国际保护的历史分期分为巴黎联盟与伯尔尼联盟时期、世界知识产权组织时期、世界贸易组织时期(TRIPS 时代)和后 TRIPS 时代[60]。这种历史分期对国际知识产权法律制度的发展具有重要参考价值,但不太适用于此处知识产权法的历史分期,故不予采用。

本节以知识产权法历史上的重要事件作为分期的标准,将知识产权法的历史演进分为三个阶段。第一阶段为部分西方国家在其国内初步建立现代知识产权制度,大概对应 15 世纪至 19 世纪中叶。这一时期,知识产权法为一些国家所确立,并独自发展,尚未进行深入交流或形成国际条约。第二阶段为知识产权保护的国际条约逐渐确立并发展的时期,以 1884 年生效的《保护工业产权的巴黎公约》(以下简称《巴黎公约》)、1887 年生效的《伯尔尼保护文学和艺术作品公约》(以下简称《伯尔尼公约》)和 1995 年生效的《TRIPS 协定》为代表,时间跨度大约为 19 世纪下半叶至 20 世纪末。第三阶段为《TRIPS 协定》生效后至今,主要的国际条约已经确立,发达国家与发展中国家之间关于知识产权难以再继续修改和达成新的协议。双边或区域的国际协定逐渐兴起,被称为"TRIPS-plus"潮流。

知识产权法的历史发展与技术革命和国际贸易有密切联系。知识产权法不同阶段的主要国家通常也是当时世界上科技最为先进、经济最为繁荣的国家。从三个阶段的主要参与国家而言,第一阶段的主要参与国家为英国、法国、德国等西欧国家。第二阶段的主要参与国家为美国、英国、德国等发达国家。在这一时期,发展中国家的国际地位愈来愈重要,但在知识产权法律国际规则上话语较弱,主要为接受发达国家主导的国际规则。第三阶段的主要参与国家包括发达国家和发展中国家,尤其是发展中国家对知识产权长期为发达国家掌握的现状要求改革。

需要说明,本研究将知识产权法的早期历史追溯到西欧国家,而不再讨论我国古代是否存在知识产权法。有观点认为,我国宋代对出版商的专有出版权进行保护的同时也保护作者的利益的实践,证明了我国古代著作权的存在[61][62]。还有观点认为,人类最早的商标出现于我国黄帝时代的陶器上[63]。前述研究认为我国古代已经存在著作权或者商标的法律关系,但也承认我国古代没有形成知识产权的成文法[61]。由于我国古代商品经济整体上的落后,知识产权法从未真正发展起来,相关著作权或商标的实践也限于特定历史时期下商品经济较为发达的地区。

我国现代知识产权法源于改革开放后不断深入参与国际贸易往来的需要。改革开放前,我国一度对科学发明进行奖励。1950年,政务院颁布施行《保障发明权与专利权暂行条例》,借鉴苏联实行发明权和专利权并行保护的双轨制。然而,该条例实施后至1963年废止13年间,申请发明权和专利权的共有407项,只批准了6项发明权和4项专利权[64]6。可见,新中国成立后到改革开放期间,我国几乎不存在专利法。1980年,我国加入《建立世界知识产权组织公约》,成为WIPO成员国,并于1982年通过第一部《商标法》,1984年通过第一部《专利法》。1985年,我国正式加入《巴黎公约》。1990年,我国通过第一部《著作权法》,并于次年通过《计算机软件保护条例》。1992年,我国与美国关于知识产权达成《中美政府关于保护知识产权的谅解备忘录》,并加入《伯尔尼公约》。2001年,我国加入WTO组织并为履行《TRIPS协定》的国际义务,对《专利法》《著作权法》《商标法》等法律法规进行修改。此后,我国又数次对《专利法》《著作权法》《商标法》进行修改,逐渐形成与国际规则接轨,同时力图适应国内经济社会发展实际的知识产权法律体系。因此,我国参与知识产权法的历史阶段主要为第三阶段,并未真正参与第一和第二阶段。

3.3 初步形成时期的知识产权法鼓励知识创新

3.3.1 著作权为法定权利而非自然权利

著作权法的出现与印刷技术革新密切相关。15世纪,德国出现了可移动的印刷技术。由于这种印刷技术的速度快、耐用和成本上可承受性的优点,15世纪下半叶迅速在欧洲各国普及。彼时,政府或王室通常向印刷书籍的出版商颁发特权,允许复制出版,禁止他人未经许可复制出版物,因此被称为"复制权"(copy-right)。

在英国,伦敦书籍出版业公会垄断英国的图书印刷和出版,并于1577年取得皇家公司的特许状。玛丽女王也乐于庇护伦敦书籍出版业公会,以便其控制煽动性的异端信息的传播[65]30。因此,王室通过授予特权控制图书印刷业以维护其政治利益,公会通过特权获得市场垄断利益,两者达成互惠。彼时,作者在图书印刷出版业的地位并不高,王室或者公会都不关心作者的权益,作者的手稿一旦公开传播,就再也无法阻止公会的任何一个成员将其注册版权并使用,相应的印刷图书的权利归属于注册版权的公会成员而非作者[65]30-31。

这种特权制度最终走向了毁灭。有学者认为,部分原因在于公会内部的利益分配不均,利益所得较大者与利益所得较小者产生了冲突[65]31。另有学者认为,1642年至1651年的英国内战使得王室对出版业的控制大大削弱,大量的出版物未经许可被印刷和出售[66]。同时,英国国内对于出版应否进行了自由讨论。1641年,斯帕克发表《透进黑屋的一缕光》,要求废除出版审查制度,反对特许出版制度[66]。尽管在17世纪下半叶,管理出版印刷的法令仍然在颁布,但盗版泛滥已经难以控制,1695年出版印刷的特权没能在议会上通过。

1710年,《安妮法》取代了特权制度,宣告了版权法的公共利益。首先,《安妮法》在序言中,鼓励有学问的人创作有用的书籍。其次,《安妮法》规定作者享有14年的版权(若到期后作者仍然在世,再延续14年),之后作品将进入公有领域的规则。最后,《安妮法》规定书籍出版后须向皇家图书馆和大学图书馆交付印刷状况良好的复制件,由此也保障了图书馆和大学始终拥有充足的图书资源。此后,美国于 1790 年、法国于 1793 年也颁布了类似的法律。到 19 世纪,大多数国家制定了保护本土作者的法律。

在《安妮法》出台后,英国就作者是否享有《安妮法》外普通法规定的自然权利进行了广泛的社会讨论。自然权利是指依据自然法得以享有的权利,强调个人本位,代表理论包括洛克的劳动财产论、卢梭的社会契约论等。在 18 世纪,英国伦敦书籍出版业公会提出作者对作品享有"文学财产"的观点(公会可以通过作者转让获得该权利),将整个知识界都卷入这场论争[65]。英国法院不得不在案件中对版权保护的正当性进行哲学上的讨论,并在 1774 年 Donaldson v. Beckett 案中以六比五的微弱优势判决《安妮法》废除了普通法上的版权,确定《安妮法》规定的保护期届满后,作品进入公有领域,任何人可以使用。该案的判决推翻了 1769 年 Millar v. Taylor 案中做出的作者在《安妮法》规定的保护期届满后,仍然享有普通法上的版权的判决。

Millar v. Taylor 案与 Donaldson v. Beckett 案案情相似,都涉及汤普森 1726 年出版的诗歌集《四季》,但两者的判决结果却截然不同。1729 年,米勒从汤普森处以 242 磅的价格取得《四季》的版权。1757 年,《四季》按照《安妮法》的规定保护期届满,另一位出版商泰勒于 1763 年自行出版了《四季》的图书。米勒向法院起诉泰勒请求救济,其获得救济的主要问题在于,作者或者其权利受让人是否在文学创作上享有永久的普通法上的权利[67]13。该案的审理法院王座法院通过三比一的优势,判决米勒胜诉,其享有普通法上的文学财产[67]13-14。1774 年,英国上议院在 Donaldson v. Beckett 案中重新审理他人未经许可出版《四季》的诉讼,但此次判决推翻了 Millar v. Taylor 案中作者享有普通法上的永久版权的规则,认为《安妮法》规定的保护期届满后,作品进入公有领域[67]14-15。该案的法官卡姆登勋爵在其判决意见中写道:"知识对其所有者没有价值或用处,唯有传播使得它为众人共享。"该案的判决体现了保护版权以传播知识、促进公共利益的理念。

法国著作权法因其启蒙运动和法国大革命的历史,表现出不同于英国

▼ 3 公共利益与知识产权法的历史发展

版权法的尊重作者精神权利的特色。启蒙运动强调人和人权的价值,否定中世纪的神权和王权,法国大革命更是摧毁了封建的王权和等级制度。在1789 年法国大革命后,法国国民大会废除了之前的图书印刷出版的特权制度,并宣布出版自由。此后,法国社会上涌现出许多盗版的、匿名的、诽谤的以及煽动性的书籍[68]181。为了解决前述问题,也考虑到分配正义的因素,1793 年法国规定作者对其创作的文学艺术作品享有终生及死后 10 年的财产权。法国立法规定著作权(droit d'auteur)并不是永久性的,还是有限的保护期,以维护共和国的公有领域[68]181。此后数十年,法国对著作权进行讨论,并于 1866 年将著作权的保护期延长为作者终生及死后 50 年。同时,法国的著作权概念承认作者人格与其作品之间具有不可分割的独特联系,被后人称为著作人格权(droit moral)[68]181-182。但即便存在著作人格权的概念,著作权应为作者的自然权利的观点并未成为法国著作权法的主流[68]182。

法国著作权法体系还影响了德国著作权法。1870 年,德国统一后颁布了第一部版权法,规定图书出版重印的权利,但并未规定作者享有对图书的权利。这部版权法施行时间并不长,德国于 1901 年修改其版权法,采取了与法国著作权法类似基于作者和作品关系的作者权法模式。由此,版权法体系和作者权法体系基本形成,但两者都对版权或著作权采取了有限的保护期规则,以维护公有领域和知识传播的公共利益。

综上,在著作权法诞生初期,英国《安妮法》确立鼓励研究的公共利益立法目的,并通过 Millar v. Taylor 案和 Donaldson v. Beckett 案,确立著作权作为法定权利的基本规则。法国由于其启蒙运动和法国大革命的历史,确立起注重作者权利保护的著作权法体系。

3.3.2 专利垄断特权为《垄断法》保留

不同于著作权的自然权利与法定权利之争,极少有人主张发明人应与作者一样享有永久性的权利。专利法通常追溯到欧洲中世纪晚期政府授予的特权制度。有学者对知识产权法的历史进行系统性研究后发现,在1787 年美国建国和 1789 年法国大革命之前,法国和英国已经建立了专利法制度,而他们的专利法制度可以追溯到 1450 至 1550 年间的威尼斯共和国。彼时,威尼斯是世界上主要的海上霸权国家,基本垄断欧洲和其他已知世界的贸易,其权力与财富达到顶峰。威尼斯的同业公会通过制定价格和标准,与其他组织进行集体贸易,同时照顾公会内年长者和残疾者,垄断贸易和制造工艺[69]。同时,威尼斯政府授予了少数个人对于某些产品生产的特定期限的垄断特权,其中有些特权授予给外国人,允许他们与本地公会进行竞争[68]173。1474 年,威尼斯上议院颁布一项法案,规定任何人在威尼斯范围内发明此前没有的新颖技术,并且该技术已经完善到可以实施,则有权在十年内禁止他人未经许可使用该技术[70]。该法案已经确定了现代专利法的几个重要方面,包括鼓励市场竞争、鼓励引进新技术、授予专利权的新颖性和实用性要求以及有限的权利保护期。到 16 世纪,随着威尼斯的衰落,威尼斯的手工业者向欧洲其他国家移民,而专利法制度也根据欧洲其他国家的社会环境进行改变。

中世纪的英国,如同威尼斯,其国内的公会对于贸易和制造具有相当的权力,并且在对外国人的接纳上与英国政府存在尖锐的矛盾——公会排斥外来人员加入和竞争,但政府欢迎外来人员进入国内工作居住[69]。而英国王室授予的专利权允许新技术对公会垄断贸易造成的损害,被认定是一种政府授予的特权[69]。例如,1449 年,英国国王亨利六世授予来自欧洲大陆的一位玻璃制造者——乌蒂亚姆用于伊顿公学和国王学院的窗户上的彩色玻璃技术以 20 年的垄断特权,因为这一技术从未在英国使用过,并且乌蒂亚姆将传授给学徒[68]175。前述特权的授予体现了王室通过授予新技术有限的垄断期限以换取技术的公开。这一规则的确立意味着专利权的授予不仅仅在于鼓励新技术,而且要求专利技术方案向社会公开,使得其他人也得以学习和使用该技术方案,从而可以促进行业整体的技术进步。

英国王室授予的专利权作为垄断特权,由于给英国社会带来了新的技术,并没有因为垄断的性质而为 1623 年《垄断法》一般性地禁止。在英国,交易自由被认为是英国大宪章和普通法保护的公民自由,而国王对于垄断权的授予应受到严格限制,因为垄断剥夺了个体臣民从事某些交易的自由[65]41。1602 年,英国王座法院在"达西诉阿伦"中判决,除了个别情况,垄断违背了普通法。在这一案件中,原告达西取得在英国销售和进口扑克牌的专营权,起诉阿伦销售扑克牌的行为侵犯了自己的专营权。阿伦的律师就达西的垄断权是否适当提出了关于从业自由的辩护意见,即垄断阻止他人从事交易违背了公共利益。阿伦的律师提出,除非垄断使得一个人将有益的发明介绍给全体臣民,确实给全体臣民带来了好处,国王可以因此授予某人在适当的时期内享有垄断权,直到全体臣民都了解该项发明为止,否则便不应授予垄断权[65]42。1623 年,英国《垄断法》开篇规定,若垄断特权没有起到其应有的促进公共利益的作用,则宣布垄断都是违反王国法令的,应予废除,但不包括授予新的制造方法发明者的专利权。由此,专利权作为发明者的特权,因其促进公共利益而得以被容忍其垄断对从业自由带来不利影响。

同时期,法国王室授予的特权需经过议会的登记,而议会登记有时会修改特权的期限和授予条件。到 17 世纪,议会惯例地征询学术团体是否对某项发明授予特权的问题。后来,路易十四规定皇家科学院负责审查发明的新颖性和实用性,议会审查发明的潜在商业价值[68]174。1762 年,路易十五宣布授予发明特权的目的在于奖励发明人[68]174,同时考虑到特权对自由的限制和并未给公众带来原本期待的利益,专利权被限制在 15 年内,并限制转让,而且必须进行统一登记和公布[68]174。

在德国,地方政权和王室曾在 14 世纪和 15 世纪对发明而非引进发明授予特权,并建立了相应的授权标准[68]174。但这一制度在 17 世纪三十年战争时期被破坏。而德国政府也在战后长期处于政治上的分裂状态,该制度长期没有再被建立起来,直到 1871 年德国再次统一,并于 1877 年颁布第一部德国专利法。

综上,从威尼斯、英国、法国和德国的专利法制度来看,专利权以政府授予特权的形式诞生,目的在于鼓励和引进新技术,并且考虑到这种垄断对从业自由的减损,所以对专利权的授予进行审查,且将专利技术进行公开,使得所有从业人员都可以学习该技术。因为授予专利权对公共利益的促进作用,专利权对从业自由的妨碍也被相当程度地容忍,而且通过限制专利权的期限等方式,保障专利授予促进公共利益的同时,将其对社会公众带来的损害控制在一定范围内。

3.3.3 商标反欺诈之诉维护消费者利益

在史前时代,人们就开始在物品上使用标识,用以指示物品的所有者。到了古罗马时期,所有物品上都有标识,分别指示不同的内容:所有者、制造者,有时还有官方认证[68]184。中世纪时期,欧洲行会兴起,常常强制要求行会成员使用生产者标识和行会标识,以控制行会成员的产品品质,并用来控制商品流通的地域范围,分割市场,维护行会的垄断利益[71]。当时,政府也会对一些行会的标识使用颁发规定。例如 1266 年英国颁布法令,强制要求面包商在其制作和销售的面包上打上自己的标识,若有重量的短少时,可以凭此追究责任[71]。类似的规定还出现在金匠和银匠行业。

商标法起源于反欺诈之诉。中世纪时期,行会记录成员使用的标识,内部解决纠纷,并对行会外的人使用标识的施以严惩。但同时,也有极少案件诉至法院。在这一时期,有一个未经记录的诉讼——JG v. Samford(1584),一位销售优质布料的具有声誉的格洛斯特郡的呢绒商起诉另一位呢绒商在其销售的劣质布料上使用前者的标识,并获得法院的支持[68]185。在当时,英国的衡平法院对于商标诉讼的案件限于故意地未经许可使用他人的标识造成损害的情形。此时,经营者通常以被诉使用商标的行为欺诈消费者为由,要求法院颁发禁令。

18 世纪后期,随着工业革命的兴起,行会对于商品制造和销售的控制大大减弱。同时,工业化的生产方式替代了原先小作坊式的手工生产方式,大量的商品被制造出来,并运往外地进行销售。此时,经营者在商品上使用标识的行为,不仅仅是为了控制商品质量,更是为了经营者和消费者识别商品的来源。另外,经营者开始需要对商品进行宣传,而商标成为宣传的重要内容,用来向消费者传递商品的信息。由此,商标作为识别商品来源和广告宣传的功能逐渐成形。相应地,商标诉讼也愈来愈多,在衡平法院提起的反欺诈之诉程序冗长且成本高昂,英国法院确立了单独的商标侵权的诉由,由使用商标的经营者代替消费者提起诉讼,维护消费者利益。

到 19 世纪下半叶,法国规定对商标进行宣告式登记,以便其他经营者了解并避免使用他人的商标,这既是对商标使用人的利益的保护,也是对其他经营者自由竞争的公共利益的维护[68]187。后来,在 1883 年《巴黎公约》之前,几乎所有西欧国家都确立了商标注册登记的制度。

综上,公共利益在商标法初步形成时期起到了举足轻重的作用。为维护消费者利益和正当竞争,英国法院允许商标权人提起商标侵权反欺诈之诉。后来,法国等国家确立商标注册登记制度,对商标进行宣告式登记,既是对商标使用人的保护,也是对其他经营者自由经营的公共利益的维护。这一阶段,知识产权法的主要目的在于激励知识创新的公共利益,较少考虑到共享知识获益和维护社会公德的公共利益。后者在逐渐成熟时期的知识产权法中出现。

3.4　逐渐成熟时期的知识产权法共享知识获益

在 15 世纪至 19 世纪中叶,西欧国家的知识产权法的基本框架初步建立,并且时常涉及公共利益的考量。19 世纪下半叶,第二次工业革命兴起,对知识产权客体的使用方式增多,知识产权的权利范围也获得一定的扩张。例如,原本版权的权利范围主要限于印刷、出版和出售行为,后来逐渐将表演、翻译、改编、摄制等行为也纳入权利范围。知识产权权利人对权利客体的控制,可能妨碍到他人对权利客体的有助于公共利益的使用行为。因此,知识产权法逐渐确立起一套权利取得和行使的规则体系,对特定使用行为确立不侵权抗辩,以鼓励从事特定使用行为而无须担心承担侵权责任。

同时期,远洋轮船技术逐渐成熟,国际贸易与文化交流往来更加频繁。各国知识产权法开始考虑对其本国作者的作品在国外的保护以及本国对外国作者的作品的保护。知识产权附着的商品的国际贸易逐渐成为各国贸易的重要组成部分,知识产权保护成为制定国际贸易规则的重要方面。在此过程中,各国的知识产权法律规则不再限于其本国范围,而是开始踏上对外交流碰撞的过程,并形成《伯尔尼公约》《巴黎公约》《TRIPS 协定》等国际条约。在法律规则相互较量的过程中,公共利益成为其中的重要考量因素。

3.4.1　著作权的合理使用

在著作权法逐渐成熟时期,公共利益对著作权法的影响主要表现在两个方面:一是对著作权法保护的对象——作品的法律标准的影响,形成保护独创性表达而不保护思想的规则,使得人类创作的思想源泉始终处于公有领域,为任何人自由使用;二是对著作权的限制和例外,使得一些未经许可使用作品的行为免于侵权责任。这一部分主要讨论第二个方面,而第一个方面将在第 4 章《公共利益与知识产权法的基础理论》中进行讨论。著作权的权利限制包括无须事先经过著作权人许可的免费使用行为(也被称为合理使用)和付费使用行为(也被称为法定许可)。为指称上的便利,本研究统一称为著作权的权利限制。

公共利益是著作权的权利限制的主要理由。有学者认为,版权的权利限制理由有:(1)促进后续创作行为;(2)承认使用者利益,创造消费者的个人自主权和所有权益的缓冲区;(3)促进更广泛的公共利益,包括促进公众获得信息、非营利组织活动以及公共机构职能运作的公共利益;(4)解决经济问题,如促进竞争和创新、免除缺乏经济重要性的使用行为、解决市场失灵问题;(5)政治上妥协;(6)满足时代变化后的灵活性和适应性需求[72]15。其中除了第(3)点明确属于公共利益的考量外,第(1)点、第(2)点和第(4)点也应纳入公共利益的范围,因为鼓励创作行为、维护使用者的权益和促进市场竞争等也与公共利益密切相关。以下将结合相关案例进行讨论。

在版权法体系下,版权的权利限制规则从法院判例中发展而来。1803年,英国王座法院在 Cary v. Kearsley 案中提出正当引用规则,承认正当使用他人作品的部分内容的权利,并表示法院不应束缚科学的发展[73]489。美国版权法中第一个案例是 1841 年斯托里法官判决的 Folsom v. Marsh 案①。该案中,被告对原告撰写的 12 卷 7000 页的《乔治·华盛顿总统传》进行提炼,形成 353 页上下两卷的《乔治·华盛顿总统传》。斯托里法官判决被告侵犯了原告的版权,并认为正当引用行为不应取代原先的作品。若后来的作品是对在先作品的批评,则应从后来的作品的性质和目标、引用的数量和价值、对在先作品的利润的影响等因素进行综合考虑。虽然前述判决否认了被告的使用行为不侵犯原告的版权的抗辩,但法官提出构成正当使用的考

———————

① Folsom v. Marsh,9 F. Cas. 342 (C. C. D. Mass. 1841).

量因素,为正当使用规则的确立起到重要作用。

后续关于版权合理使用的案件中,法院常常就认定或者不认定侵权对公共利益的影响进行阐述。在 1984 年 Sony v. Universal City Studios 案①中,一审法院认为家庭录播设备的使用行为符合增加公众获取电视节目机会的公共利益,与美国宪法第一修正案最大限度地促进公众通过广播获得信息的法律政策相符。美国联邦最高法院表示,美国宪法关于版权的有限保护期的规定反映了对相互冲突的公共利益的平衡——虽然版权法的直接效果是确保作者的创造性劳动获得公平回报,但最终目的是通过激励艺术创造促进公共利益。该案中,法院认为,如果对家庭录播设备的使用行为判定为共同侵权行为,那么公众通过家庭录播设备获得更多信息的公共利益将受到损害,最后认定被告销售家庭录播设备不构成侵权行为。

但过度限制著作权有可能妨害著作权激励创作促进作品传播的公共利益。于是,《伯尔尼公约》对著作权的权利限制的情形进行了列举,并规定著作权人在权利限制的情形下仍然享有特定权利。例如,《伯尔尼公约》第 2 条之 2 规定,成员国可立法规定为新闻报道的目的使用公开发表的讲课、演说或其他同类性质的作品,但作者仍然享有前述作品汇编的权利。又如,第 9 条规定,引用公开发表的作品,只要符合合理使用,在为达到目的的正当需要范围内,应属合法,但应说明出处和作者。这一规定亦可见作者权法体系下对于作者精神权利的保护,对著作权进行限制时,仍然应保护作者的署名权益。对前述著作权的权利限制加以规定的做法,郑成思称之为"对权利限制的限制",认为其意在避免各国著作权法对著作权的权利限制可能会被无限扩大以至于妨害著作权本身对公共利益的促进作用[74]457。

综上,为限制著作权人对作品使用的过度垄断,妨害著作权激励创作促进作品创作和传播的公共利益,著作权法确立了合理使用制度。同时,为了避免著作权的权利限制被各国扩大以至于妨害著作权本身的激励作用,合理使用限于特定的有利于公共利益的情形。

---

① Sony Corp. of Am. v. Universal City Studios,Inc. ,464 U. S. 417,425(1984).

3.4.2 专利法的公有领域

在3.4.1部分主要讨论著作权的权利限制,专利法上也有类似的专利权的权利限制,例如专为科学研究和实验而使用有关专利。但相对于著作权法基于公共利益设置了许多权利限制的情形,专利法关于权利限制的情形明显少得多,这可能与专利权本身的权利有效期较短,以及专利权控制的实施行为与市场竞争直接相关,他人对专利文书的引用、报道等行为本就不属于专利权的权利范围。

在专利法的历史发展过程中,出于保护公有领域的公共利益的考量,专利权的授予条件从国内新颖性和实用性的要求升级为国内外新颖性、实用性和创造性的要求。公共利益对专利法的影响主要表现在两个方面:一是对专利权对象的法律标准的影响,并形成可专利对象、新颖性、实用性和创造性的授权条件,且使得妨害公共利益的发明创造、科学发现等客体不授予专利权;二是对专利权的限制和例外,包括不视为侵犯专利权的行为和强制许可专利权的情形。此处主要对专利权的创造性和科学发现不授予专利进行讨论。

在19世纪下半叶到20世纪末,专利权保护的国际条约从以程序性规定为重点向实体和程序并重转变。在1884年生效的《巴黎公约》中,专利权保护的内容主要在国民待遇、最惠国待遇、优先权、地域性等问题上,以保护发明人可在成员国内取得专利权,并享有与该成员国国民同等的法律保护。而1995年生效的《TRIPS协定》第27条规定可授予专利的客体要具有新颖性、创造性和实用性,以及可以因特定理由不授予专利权。而在《巴黎公约》到《TRIPS协定》的一百余年间,各国就专利权授予条件达成了基本的一致意见。同时,考虑专利法早期已经有新颖性和实用性的授权要件(鼓励发明和引进适用工业制造的新技术),本部分主要讨论创造性和不授予专利两方面。

专利的创造性在新颖性要求之上提出了更高的法律要求,将相对简单的变化材料、拼接现有技术等技术方案排除在专利权保护之外,以激励"真正"的创新。1790年美国《专利法》规定,授予专利权的发明应"足够重要",

但该规定在 1793 年修改《专利法》时被删去,仅规定"简单改变机器的形式或者比例,或事物的组成,不应视为发明"。1836 年《专利法》又恢复到与 1790 年《专利法》类似的"足够有用和重要"的规定。即便如此,在 19 世纪上半叶,美国法院仍然以新颖性和实用性作为专利权授予的条件[75]524。创造性要件正式纳入成文法,则是 1952 年美国修改专利法的时候了。在创造性要件纳入专利法之前,美国法院判决主要通过对"发明"概念进行解释适用。例如,1851 年美国 Hotchkiss v. Greenwood 案①中,法官认为涉案专利只是将原本是金属材料的门把旋钮换成水泥材料的门把旋钮,并没有改变旋钮的结构安排,应宣告无效。该案的反对意见认为,涉案专利在门把旋钮上使用水泥材料,比金属材料更便宜,比木材更耐用,也很美观,这种物美价廉的技术也可以被认定符合专利权授予条件的改进发明。但判决意见认为,涉案专利的门把旋钮并不是新的,水泥材料也不是新的,两者都是公有领域众所周知的技术;涉案专利的改进不属于正式的区别,缺乏创新性或发明性,属于熟练机械师的工作,而不是发明人的工作。1966 年 Graham v. John Deere 案中,美国联邦最高法院提出"Graham 测试"的规则,即于本领域技术人员而言,专利技术与在发明时的现有技术相比是不是显而易见的,主要包括三方面的考量:一是发明时的现有技术,二是涉案专利技术与现有技术的区别,三是本领域技术人员的技能水平②。

除了专利权的创造性要求外,专利法将自然规律、自然现象、自然界存在的事物等科学发现排除在授予专利权的客体之外,不为私人所垄断。虽然科学发现具有重要的科学价值,但科学发现者对其发现不应享有专利权。在 1853 年 Le Roy v. Tatham 案中,美国联邦最高法院麦克莱恩认为,电或其他自然力是向公众公开的,任何人不得排除他人使用,只有对电进行实用用途的工业应用才可能授予专利③。在 Funk Brothers v. Kalo Inoculant 案中,美国联邦最高法院认为,专利不授予自然现象的发现;自然现象的发现应作

---

① Hotchkiss v. Greenwood,52 U. S. (11 How.) 248,265 (1851).

② Graham v. John Deere Co.,383 U. S. 1 (1966).

③ Le Roy v. Tatham,55 U. S. (14 How.) 156,175 (1853).

为人们共同的知识,不允许任何人享有排他权①。在 Mayo v. Prometheus 案中,美国联邦最高法院认为,涉案发明为不可专利的自然法则,考虑到授予自然法则以专利权会不必要地阻碍进一步的创新,因此,对于自然法则不应授予专利权②。如果对尚未制造造福人类的科学发现授予专利权,且发现人有权禁止他人实施其科学发现,会导致其本人可能无法实施,却阻止他人利用科学发现发明新的技术方案的结果。

科学发现不同于发明创造的技术方案,科学发现与技术应用之间的鸿沟可能在发现做出时无法跨越。在 1854 年 O'Reilly v. Morse 案③中,Morse申请专利的技术方案中有一项权利要求为通过电磁反应进行远距离传输字符内容的装置。美国联邦最高法院认为,该权利要求保护的技术方案没有包括具体实施过程,却要求专利权保护;如果维持这一权利要求,未来的发明家在科学发展过程中可能会提出新的实施过程的技术方案时必须经过Morse 的许可,否则无法使用,因此维持该专利对公众而言并无受益之处,不应维持。时至今日,再回过头看 Morse 申请专利的权利要求对应的技术方案,属于自然规律的直接应用,确实将过去几十年间的有线网络、有线电信等技术囊括在内。

综上,出于保护公有领域的公共利益的考量,专利权的授予条件新增创造性的要求,将创新程度不高的新技术方案排除在专利授权之外。同时,为了鼓励所有人得以自由使用科学发现的自然规律、自然现象和原理,科学发现不授予专利权,保留在公有领域。

3.4.3 商标的正当使用

商标的法律保护源于反混淆欺诈之诉。商标法禁止来源混淆行为,因为混淆行为不仅损害商标权人的利益,还妨碍消费者认牌购物,扰乱市场竞争秩序[76]。1876 年,美国国会颁布第一部联邦商标法《修订、合并和修改专利权和版权的法案》规定,对欺诈性使用、销售和假冒注册商标的行为进行

---

① Funk Brothers Seed Co. v. Kalo Inoculant Co. ,333 U. S. 127,130 (1948).
② Mayo Collaborative Servs. v. Prometheus Labs. ,Inc. ,566 U. S. 66,90 – 91 (2012).
③ O'Reilly v. Morse,56 U. S. 62,113 (1854).

罚款和监禁。但美国联邦最高法院认为，该法案不能以美国《宪法》第一条第八节第八款的专利和版权条款为立法依据，或许应以《宪法》第一条第八节第三款国会有权对商业贸易活动进行规范的条款为依据①。在1916年 Hanover Star v. Metcalf 案②中，原被告各自从1880年后在面粉商品上使用"Tea Rose"标识，并在不同的地区分别进行销售，美国联邦最高法院认为，被诉侵权没有导致混淆或者误导公众，也没有损害商誉，因此不构成侵犯商标权。该案中，法院认为，商标只是对商誉的保护，除非用于现存的经营活动中，否则不应视为财产权。

考虑到商标权人可能垄断商业标识的使用，包括提供消费者更多信息的比较广告式的使用、关乎言论自由的对商标本身进行批评和戏谑等公共利益考量，商标法逐渐确立起商标正当使用的规则。为了避免注册商标专用权人在市场上垄断商标的各种使用行为，商标法确立了一系列正当使用抗辩，包括描述性正当使用、指示性正当使用、表达性正当使用（又称商标戏仿）等。此处对描述性正当使用进行讨论，后两种正当使用行为将在5.3.3部分讨论，此处不表。在 US Shoe v. Brown 案③中，原告长期以"Looks Like a Pump, Feels Like a Sneaker"为广告语宣传自己的高跟鞋穿着像运动鞋一般舒适。被告也是生产此类舒适穿着的高跟鞋厂家，其广告语为"Think Of It As A Sneaker With No Strings Attached"。原告起诉被告使用的广告语侵犯其在先使用的广告语的商标权利，但法院认为被诉行为构成合理使用，并指出合理使用在于防止一方的商标权过度扩张，甚至阻止其他经营者向公众描述其产品。商标正当使用抗辩在于禁止注册商标专用权人在市场上垄断商标的各种使用行为。若没有商标正当使用抗辩制度，他人必须事前了解所有注册商标，并在商业中极力避免使用他人注册商标的全部或部分，这将带来高昂的交易成本，不利于市场竞争。

但商标反淡化保护突破了商标权维护消费者利益和正当竞争的公共利益考量，并且可能威胁到商标的正当使用。"商标反淡化之父"斯希特提出

---

① Trade-Mark Cases, 100 U. S. 82, 93 – 96 (1879).

② Hanover Star Milling Co. v. Metcalf, 240 U. S. 403 (1916).

③ US Shoe Corp. v. Brown Grp., Inc., 740 F. Supp. 196 (S. D. N. Y. 1990).

商标反淡化理论的 20 世纪 20 年代,正处于商品零售经营从传统店铺的单项经营转为百货商店的综合经营的商业零售革命时期,大量不同类别的商品常常在同一综合商店中被售卖。当经营者在不类似商品上使用与在先商标相同或近似的商标时,虽然消费者没有产生来源混淆,但有法院认为此种行为难谓正当,应予禁止[77]。到 20 世纪七八十年代品牌延伸策略兴起时,商标淡化被充分重视并进入立法。1995 年,美国通过《联邦商标反淡化法》,商标淡化成为商标法独立侵权事由。

联系标准是判断淡化与否的主流观点。只要认定在先商标为"驰名商标",且相关公众认为被诉商标与在先商标"具有相当程度的联系",就能成立驰名商标淡化,损害要件对于裁判结论没有实际意义[78]220。欧盟商标法实践也曾以"建立联系"为判断标准。在 2003 年 Adidas 案中,欧盟法院认为,淡化侵权在于相关公众将在先商标与在后商标建立联系,即使这种联系没有构成混淆①。理由主要是,相关公众建立联系已然提高了消费者的联想成本。波斯纳认为,如果商标有其他联系,消费者看到时必须先想一会儿再识别出商品来源,那么这种降低信息成本的经济效益就被减少了[79],并得到一些消费者认知系统的心理学规律的支持证据[80]。

这种基于联想成本的联系理论因为没有可靠证据证明而被质疑[81]。商标淡化行为究竟导致联想成本上升多少?很可能是非常细微的差别。有观点指出,消费者就网页内容形成看法仅需 50 毫秒,即二十分之一秒[82]。人体的大脑是由约 140 亿个神经元组成的繁复的神经网络,即使在不同商品或服务上使用相同或近似的商标,大脑的联想成本可能不超过 0.1 秒,难以据此认为因为在后商标的使用增加了 0.1 秒的联想成本而应被法律禁止。

与其说商标反淡化在于保护消费者利益,商标反淡化实则保护在先商标权人能够控制商标的使用,甚至是控制商标的含义[2]107。根据商标的信息功能和说服功能的区分,商标淡化行为并未损害商标的信息功能,而是损害商标的说服功能[83]。商标的信息功能在于通过商标向消费者传递商品来源信息,而商标的说服功能在于通过商标标识本身获得消费者的好感[83]。保

① CASE C-408/01 ADIDAS-SALOMON[2003],para. 29.

护商标的信息功能有利于维护市场竞争秩序的公共利益,而商标的说服功能则属于商标权人自担风险的投资,无益于公共利益,商标法不应保护[83]。但有学者认为,公众已经在广告商所传达的氛围中投入了可观的支出和相当多的无形商誉,商标的说服功能应受到更多的重视,因此这种说服功能也应受到保护[84]。但也有学者担心,反淡化保护有可能破坏商标法下比较广告的自由和商标戏仿的行为[85]。

就比较广告而言,在 1968 年 Smith v. Chanel 案①中,被告在一个针对批发贸易买家的杂志上刊登旗下的名为"Second Chance"的香水产品,作为香奈儿五号香水的低价复制品而被香奈儿起诉侵犯商标权。地区法院认为,商标权人对商标价值投入巨大的努力和资源,应禁止他人"搭便车"使用商标的行为,并颁布临时禁令禁止被诉行为。美国联邦第九巡回上诉法院推翻了地区法院的判决,认为商标作为识别来源的标识,不应由于商标权人投入了大量的资源进行宣传就能因此创造法律保护的权利;商标权人无权垄断公众对非专利产品的需求,即使是商标权人自己以极大的努力和代价创造了此种需求。法院认为,对于复制行为第一反应为不认同是可以理解的,但考虑到更高的公共利益,即以较低的价格提供相似的商品,此种"搭便车"行为仍然应作为正当竞争行为被允许。对商标本身进行批评和戏谑,则通常作为言论自由的公共利益,对商标权进行限制。但商标法对于商标正当使用的规定是相对狭隘的。《TRIPS 协定》第 17 条规定,各成员可对商标所授予的权利规定有限的例外,如合理使用描述性词语,只要此类例外考虑到商标权人和第三人的合法权益。

综上,为了避免商标权人垄断商业标识在市场竞争中的正当使用行为,商标法确立了商标的正当使用抗辩。但商标反淡化保护可能对知名度高的商标予以过度保护,即保护商标权人控制商标的含义。

3.5　未来知识产权法以促进可持续发展为目标

20 世纪末,《TRIPS 协定》对于各国对智力成果和商业标识的知识产权

---

① Smith v. Chanel,Inc. ,402 F. 2d 562,562 – 563 (9th Cir. 1968).

保护确定了相对统一的法律规则,包括知识产权取得的法律标准、限制知识产权的情形、知识产权被侵害时的救济以及侵权行为的法律责任。在联合国 1964 年公开的报告《医药专利对于发展中国家的技术转移的影响》中,大多数国家在专利权保护中获得专利技术公开和交易带来的技术进步和生产发展,但也有国家抱怨专利权人为国外主体,本国主体并未从专利权保护中获益[86]。正如《TRIPS 协定》序言规定的,知识产权保护制度的基本公共政策目标包括发展目标和技术目标,帮助最不发达国家建立良好和可行的技术基础。但意欲实现的目标与制度本身带来的效果可能是相悖的,至少在一些国家看来存在这样的风险。

知识产权权利人有权排除他人在市场上提供其知识产品,从而维持较高的垄断价格,以获得回报弥补其投资并持续进行研发。但在公共健康和医药价格的问题上,医药专利权的保护使得专利药价格居高不下,许多发展中国家的民众难以负担高额的医疗成本,也限制了政府财政能够负担的选择范围。本节先对《关于〈TRIPS 协定〉与公共健康的宣言》(以下简称《多哈宣言》)进行讨论,接着对联合国提出的 2030 可持续发展目标与“TRIPS-plus”规则进行讨论。

应指出,除了医药专利领域,知识产权与公共利益的冲突还存在于许多方面,例如标准必要专利、常用计算机软件等。除了一些开源软件、知识共享等明确许可他人免费使用知识产品的情况外,知识产品的使用通常需支付知识产权的授权费用。例如,接入了无线蜂窝通信技术的手机厂商,都需要向该技术的专利权人高通公司缴纳专利费,这项费用被手机业界称为“高通税”。

3.5.1 《多哈宣言》与公共健康

在医药创新领域,专利权保护具有关键作用。据美国著名医学机构塔夫茨药物研发中心 2014 年的报告,每个新药批准上市的估计平均税前成本(包括失败和资金成本)为 25.58 亿美元。《福布斯》估计,一家大型制药公司开发的平均药物成本至少为 40 亿美元,甚至可能高达 110 亿美元。实证研究也指出,知识产权保护对于新药研发具有显著正相关性[87]。对于如此高强度的研发投入,若没有专利权保护,医药公司恐怕不会进行新药研发,因为无法在市场上排除竞争对手的仿制药竞争的商业风险。我国长期面临新药研发薄弱的问题,被认为与知识产权保护制度不完善有关。2020年,我国《专利法》修改,明确规定医药专利行政审批的专利期补偿制度,加大医药专利权的保护力度。

然而,在《TRIPS协定》规定药品专利保护和未披露的医药试验数据商业秘密保护之前,许多发展中国家将药品排除在可专利客体外,通过生产或进口仿制药的方式供给低价的药品。一些发展中国家认为,修改其国内的专利法以符合《TRIPS协定》的要求,将限制当地制药业生产和销售低成本的仿制药,这将提高药品的价格,以致其国民无法获得药品[8]1。对于最不发达国家而言,由于其国内的医药产业基础尤为薄弱,《TRIPS协定》规定其享有一定期限的过渡期,在过渡期内仍可以不保护医药专利,但过渡期被数次延长。2002年,TRIPS理事会决议通过将原本规定的十年过渡期(2005年到期)延长至2016年1月1日。2013年,WTO成员方决议通过最不发达国家履行《TRIPS协定》的最后期限为2021年7月1日。2015年,TRIPS理事会决议通过最不发达国家对制药产业不授予专利的过渡期到2033年1月1日,或者该国家不再是最不发达国家成员。但过渡期始终可能在未来不久结束,即使是最不发达国家也应尽快找到解决方案。

但用于治疗艾滋病的抗反转录病毒药物仍然花费甚高,许多患者仍然无法负担。1995年,巴西开始在当地生产抗反转录病毒药物,1996年确立了获得免费抗反转录病毒药物的权利[88]。1997年12月,联合国艾滋病联合规划署(艾滋病规划署)在乌干达和科特迪瓦发起了艾滋病毒药物获取倡议[88]。在2000年,WHO的"加速获取倡议"显著降低了39个国家的抗反转录病毒药物价格,并且WHO也启动了通用抗反转录病毒药物的资格预审。随后美国布什总统启动了耗资150亿美元的总统防治艾滋病紧急救援计划。但据2019年的数据,平均每位病人仍需1万到1.5万美元,如今仍然有1520万人未能获得治疗[55]。

降低艾滋病药物价格的举措促成2001年11月在多哈召开的WTO第四届部长级会议上发表了《多哈宣言》,允许各国制造仿制药来应对公共卫生危机。其中第六段表示,承认制药企业没有制造能力或制造能力不足的WTO成员方按照《TRIPS协定》的规定有效利用强制许可可能会遇到困难,责成TRIPS理事会在2002年底前提出解决这一问题的方案。该问题的背景是《TRIPS协定》规定专利实施的强制许可限于国内使用,而不允许出口他国,即第31条(f)项规定"任何此种使用的授权应主要为供应授权此种使用的成员的国内市场"。这使得无生产能力且需进口未注册类药品的国家无法从他国获得按照强制许可生产的药品。

2003年,WTO总理事会通过《关于〈TRIPS协定〉和公共健康的多哈宣言第六段的执行决议》,提出确实存在可放弃执行《TRIPS协定》关于医药产品的第31条(f)和(h)中确立的义务的特殊情况,并规定适用情形和相应的程序。2006年,WTO理事会决议通过《关于〈TRIPS协定〉修正案的决定》,增加第31条之二,允许向最不发达国家出口强制许可药品专利项下生产或销售的药品。从2006年开始,一些主要的抗反转录病毒药物的医药公司签署了自愿许可证,使仿制药公司能够以大大降低的价格出售抗反转录病毒药物给发展中国家。此外,医药公司可以通过专利池获得制造所需制剂的许可,降低了制造商的专利使用费,从而使各国获得了低价的各种抗反转录病毒药物组合。

维护公共健康的公共利益而限制知识产权,成为许多国家的共识。例如,2018年12月30日生效的《全面与进步跨太平洋伙伴关系协定》(简称CPTPP)第18.6条,确认其在《多哈宣言》中的承诺,并特别指出,该条约知识产权章的义务不会且不得阻止一缔约方采取措施保护公共健康。同时,为了解决我国面临的公共健康问题,并帮助有关国家、地区解决其面临的公共健康问题,我国根据《专利法》,制定《涉及公共健康问题的专利实施强制许可办法》,但我国尚未有为公共健康实施专利强制许可的先例。

综上,《TRIPS协定》要求WTO成员方对药品予以专利权保护,以激励新药研发投入。但受专利保护的药品,对于许多人而言难以负担。为维护公共健康,一些国家对特定专利药品实施专利强制许可。这一问题也成为《TRIPS协定》修订的主要内容。

3.5.2 "TRIPS-plus"与联合国 2030 可持续发展目标

2015 年,联合国 193 个成员国决定通过的《2030 年可持续发展议程》,应作为实现所有人更美好和更可持续未来的蓝图。其中许多项涉及公共健康、气候变化、生物资源保护等公共利益。《2030 年可持续发展议程》指出,知识产权应为可持续发展目标服务,尤其是智力成果的受益向发展中国家和弱势群体倾斜[89]。但各国难以就公共利益的考量,对知识产权法达成一致意见。除了 3.5.1 提到的《多哈宣言》和 2013 年 WIPO 成员国通过的《马拉喀什约》,国际上较少就知识产权法中的公共利益再达成一致意见。《TRIPS 协定》作为 WTO 多边主义框架下形成的知识产权保护的国际规则,由于修改程序复杂,牵涉的利益难以达成一致意见,一些国家开始在 WTO 框架之外订立双边或区域性的自由贸易协定。这波自由贸易协定的浪潮被描述为在全球化体系内回归双边主义[90]。美国多次表示要退出 WTO 并开始绕开 WTO 与其他国家重新签订自由贸易协定。日本与欧盟签订《日欧经济伙伴关系协定》(EPA)。WTO 确立的多边体制已然被削弱。

区域性的自由贸易协定对知识产权保护提出更高的要求,与《TRIPS 协定》一同形成知识产权国际保护制度的"TRIPS-plus"版本。例如,《TRIPS 协定》仅就故意假冒商标和盗版行为规定刑事处罚,而 CPTTP 新增刑事处罚的范围,包括为商业利益或经济收入故意破坏技术保护措施、为商业利益或经济收入故意去除或改变任何权利管理信息、未经授权蓄意盗用或蓄意披露商业秘密。然而,加强知识产权保护可能与各国充分利用先进技术和文化知识实现可持续发展目标相悖。

"TRIPS-plus"协定并未拓展或扩大《TRIPS 协定》和《多哈宣言》关于公共利益的规定。例如,CPTTP 知识产权章的目标、原则与《TRIPS 协定》目标、原则和序言中关于公共政策部分的表述非常相似。CPTTP 知识产权章关于特定公共健康措施的部分,则承继了《多哈宣言》相关强制许可医药专利的条约。因此,CPTTP 并没有提出新的应对知识产权与公共利益之间紧张状态的方案。有学者归纳 CPTPP 的知识产权条款片面强调"高标准"而忽视"均衡性"——对于知识保护条款非常详尽,且多为强制性规定,但对于公共利益却仅有宣示条款[91]。这种"TRIPS-plus"协定对于实现联合国 2030 年可持续发展目标恐怕无济于事,甚至可能继续扩大发达国家与发展中国家之间的技术鸿沟和分配不公。根据 WIPO 发布的《2020 世界知识产权指标报告》,近十年来,排除中国的专利申请,中等收入国家和低收入国家的专利申请量已经从 2009 年的 7.2% 下降到 2019 年的 4.6%,低收入国家的专利申请量已经从 0.5% 下降到 2019 年的 0.1%。可见,近十年来,知识产权保护制度相对稳定的外部条件下,各国之间的研发投入和创新技术产出差距越来越大。

综上,知识产权法应服务于联合国《2030 年可持续发展议程》,为促进平等共享知识获益适当限制知识产权的保护。但主要国家或区域达成知识产权保护的"TRIPS-plus"在《TRIPS 协定》基础上加强知识产权保护,几乎没有就公共利益达成一致意见。公共利益相关的事务仍然存在,且可能十分危急,例如新冠疫情下的专利药品和疫苗的可负担性和可及性。由此可见,知识产权与公共利益的关系将在未来面临更多挑战。

3.6 本章小结

公共利益在知识产权法的历史演进中常常起着目标导向的作用。当知识产权法面临抉择时,能够以公共利益为指引,决定前进的方向。在知识产权法初步形成时期,面对著作权为法定权利还是自然权利的争议,著作权法以促进公共利益为由选择法定权利说,也意味着著作权为法律激励创作的机制。专利作为垄断特权,因为对公共利益的促进作用,没有被反垄断一般地禁止。商标权则通过维护消费者利益的反欺诈之诉得到承认和发展。

在知识产权法逐渐成熟时期,出于公共利益的考虑,知识产权法将特定使用知识产权客体的行为确立不侵权抗辩,避免知识产权权利人过度垄断知识产权客体的使用,阻碍他人从知识产权客体中获益。具体包括著作权法上的合理使用、专利法上不授予专利权的规则和商标法上的正当使用。但对于知识产权的权利限制也受到特定情形的限制,避免损及知识产权激励创新的机制。

在知识产权法的未来发展方向上，以联合国《2030年可持续发展议程》的公共利益为发展方向，但实践中遇到许多问题。其中牵涉到的公共利益也愈加复杂，不仅包括一国国内的公共利益，还包括其他国家的公共利益。国际间达成一致协议的事项愈加稀少，除了为公共利益实施专利强制许可和视力障碍者阅读的著作权合理使用外，几乎没有就公共利益与知识产权达成一致意见。针对知识产权和公共利益的关系，下一章将深入公共利益与知识产权法的基础理论进行讨论。

4 公共利益与知识产权法的基础理论

4.1 引言

知识产权法的基础理论主要是指知识产权的正当性理论。知识产权正当性的核心问题是为什么要由某些人对某些知识取得专有权(即知识产权)。这一质疑可能有两方面的论点。一是这些知识源于日常生活的客观世界,应像空气一样,为所有人共享;二是这些知识不属于有体物,也不存在占有,不会因为他人使用而消耗,反而通过使用获得增长。但知识产权法仍然选择由创造者享有智力成果的权利,赋予创造者专有权以排除他人特定的使用智力成果的行为。对于知识产权的正当性基础,较为常见的有洛克劳动财产权理论、黑格尔人格权论、马克思主义阶级理论、德霍斯工具论、边沁功利主义理论、卢梭社会公意论、康德自由意志论等理论学说。这些理论学说通常为哲学、经济学、法学领域的重要思想,被借鉴到知识产权法领域,用于解释知识产权的正当性。

需要明确,有些学者提出将不同理论综合用于解释知识产权的观点,不应采纳。有观点认为,一种理论都不足以单独作为知识产权的正当性基础,应采取多元主义的立场,将多种理论结合起来作为论证的基础[92]。或者认为,这些不同的理论并不是相互排斥的,而是相互关联补充的,劳动财产论和人格论旨在说明知识产权保护是公正的要求,工具论则说明了知识产权对于公众的效用[93]47。这些将理论综合起来的观点看似合理,但其实无助于解决问题。因为理论学说应对知识产权的具体情况提出一般的、普遍的、抽象的解释,将现象背后的原理加以揭示。而将理论综合起来的观点没有提出一般性的普遍的解释。

同时,理论学说提出的解释和原理将指导知识产权法在具体案例中的适用,决定个案的判决结果。例如,在美国 1918 年 International News Service

v. Associated Press 案(以下简称"INS 案")中,被告通过电报的方式获取原告在东海岸最新出版的新闻报道后,在西海岸印刷出版,有时候甚至可以早于原告出版。原告起诉被告未经许可使用其搜集和印刷出版的新闻报道构成侵权行为,美国联邦最高法院的大法官们的意见分成三种:第一种意见认为,原告对新闻报道享有"准财产权",得对抗同业经营的被告"不劳而获"的行为,其理论基础应是劳动财产论;第二种意见认为,被告使用原告的新闻报道而不予标明出处的行为属于不正当竞争,其理论基础应是人格权论;第三种意见认为,新闻报道不属于版权或专利权的保护对象,应为公有领域所有人自由使用,表现出工具论的色彩①。因此,确定知识产权的权利基础对知识产权法律实践具有指导意义。

对于不同理论的选择,不应任由立法者或裁判者凭借其兴趣爱好或情感偏向自由选择。在选择的标准上,应以促进社会整体的公共利益为目标。正如阿奎那提出的,"法律的制定并非为着私利,而是为着公民的共同利益"[20]6,保护知识产权应有利于促进公共利益的增长。考虑到洛克劳动财产论、黑格尔人格权论和德霍斯工具论,相对于其他理论学说,拥有更加广泛的影响力,本章选择前述三种理论进行研究。具体来说,下文以促进公共利益为判断标准,对洛克劳动财产论、黑格尔人格权论和德霍斯工具论进行讨论。

4.2 公共利益与知识产权劳动财产理论的冲突

4.2.1 知识产权的洛克劳动财产理论阐述

有学者主张,知识产权的理论基础为洛克劳动财产论。这种观点认为,知识产权是智力成果创造者的自然权利[94]。他人未经许可使用智力成果,就是"智力的偷盗者"[93]47。洛克劳动财产论本身含有群己权界的讨论,但当其作为知识产权的理论基础时,仍然应经受是否有利于促进公共利益的

---

① Int'l News Serv. v. AP,248 U. S. 215 (1918).

考量。

首先,简要回顾洛克生平及其提出的劳动财产论。洛克在世时间为1632年到1704年,这期间英国统治者为查理一世和安妮女王。他见证了英国在17世纪知识和科学、政治和经济快速发展的时代变迁。洛克劳动财产论的出处是他于1690年完成的《政府论两篇》中的第二篇第五章《论财产》。在这一章,洛克认为,根据自然法则,人自出生起,有权通过自然赋予的食物和水进行生命延续,这也是上帝给亚当、夏娃以及他们的后代们创造的共有的领域[95]303-304。人对其身体的劳动、双手的工作享有权利,其从自然状态下转移的、混合其劳动,排除了其他人对该物的权利,变成其财产,只有劳动者才享有对该物的权利[95]305-306。简言之,洛克劳动财产论提出,人对自己身体的劳动成果享有财产权。

需要说明,洛克对劳动取得财产的规则加上了限定条件,以免消耗殆尽公有领域的资源。洛克提出,"只有当有足够多且好的留在公有领域给别人时",人才能就其劳动的成果享有排他的权利[95]306。对于"足够多且好",洛克解释为,劳动者应留给他人"足够多且好"使得他人可以利用,正如劳动者没有带走任何财产[95]309。这一限制条款对于洛克劳动财产论具有重要意义:首先,这一限制条款意味着不允许仅仅因为效率或者服务于社会福利就形成财产;其次,这一限制条款为公众提供有限的保护,即公众不受劳动者取得财产的不利影响;最后,这一限制条款保护公有领域的资源免遭消耗殆尽,亦是避免人们之间相互伤害[96]。

虽然洛克劳动财产论的提出时间为17世纪末,其论述的财产指的是有体物(多以苹果作为财产的例子),但该理论亦被作为知识产权的重要理论基础之一。洛克在世时,英国已经存在专利法,但尚未颁布《安妮法》。有学者表示,洛克在论述"劳动"时限于农业和手工业的一般性劳动,而忽略了智力劳动及其创造成果,但这并不妨碍后人将洛克劳动财产论推广到知识产权的正当性源泉[94]。

知识产权的洛克劳动财产论的论证路径大致如下:洛克劳动财产论提出,人对自己身体的劳动成果享有财产权,知识产权的对象——知识,属于人的脑力劳动,也属于人的身体的劳动,因此,脑力劳动者(创作者)对创造出来的知识享有财产权(知识产权)。简言之,知识产权劳动财产论,对洛克劳动财产论的"劳动"进行扩大解释,将以体力劳动取得有形财产权延伸到脑力劳动取得无形财产权。

有法院以洛克劳动财产论阐述特定主体对其投入劳动和精力的知识产物享有专有权。在 INS 案中,皮特尼大法官撰写的法院意见认为,被告将原告发行的报纸上的新闻报道用于自己的报纸上出版以获取营利的行为,属于在未播种的地方收获,侵犯了播种者(原告)的权利①。在我国"广东加多宝饮料食品有限公司与广州王老吉大健康产业有限公司擅自使用知名商品特有包装装潢纠纷上诉案"②中,最高人民法院确定诉争王老吉红罐凉茶包装装潢由原告和被告共同享有和行使的主要理由是,双方"均对涉案包装装潢权益的形成、发展和商誉建树,各自发挥了积极的作用,将涉案包装装潢权益完全判归一方所有,均会导致显失公平的结果,并可能损及社会公众利益"。前述理由体现了法院对诉争客体形成过程的劳动投入的考察,并以此作为确定权利归属的主要理由,体现了洛克劳动财产论。

综上,洛克劳动财产论认为,劳动是权利取得的来源,并以劳动确定权利归属。虽然洛克在论述其劳动财产论时并未提及智力成果或商业标识,但有法院和学者主张劳动财产论应作为知识产权的权利基础。

4.2.2 知识产权劳动财产论限缩公有领域

有学者质疑知识产权劳动财产论的主要理由是,洛克劳动财产论的对象与知识产权的授予对象不同,仅依赖于洛克劳动财产论无法单独论证知识产权的正当性[97]。但问题的关键在于,洛克劳动财产论作为知识产权的正当性基础,是否有利于促进公共利益。对应到个案中,可以理解为,在 INS 案中,若法院判决原告基于搜集新闻并进行排版发行的劳动对涉案新闻报道享有"准财产权",得对抗同业经营者的复制使用行为,是否有利于信息流动和公有领域增长的公共利益。

---

① Int'l News Serv. v. AP,248 U. S. 215,239 – 240 (1918).
② 最高人民法院民事判决书(2015)民三终字第 2 号。

判断知识产权劳动财产论是否有利于公共利益,应厘清三个问题:第一,知识产权的取得条件;第二,知识产权的权利范围;第三,承认知识产权对经济文化的影响。每一个问题的回答都关涉公有领域的确定和影响。按照波普尔的第一世界(物质世界)、第二世界(意识经验世界)和第三世界(客观知识世界)的划分,知识产权的客体(知识)属于第三世界的存在[98]86-87。知识,例如书籍、计算机程序、发明创造、商业标识,为人类创造后又独立于人类愿望之外而存在,形成人类的知识库。从公共利益的角度出发,在考虑知识的制度安排时,应实现两个目标:第一,不能耗尽现有的知识库;第二,应继续扩大知识库。

第一,劳动不应成为知识产权取得的充分条件。按照洛克劳动财产论,所有人对知识库属于消极共有,任何人可以通过脑力劳动将其中一部分占为己有。那么后果可能是人类共有的内容将越来越少,这显然是违背公共利益的。对应到 INS 案中,若原告对新闻报道享有"准财产权",其他经营者未经许可不得使用,可能形成对新闻消息的垄断,并且限制民众获取时事新闻的途径。这也回答了第一个问题,劳动不应成为知识财产的取得条件,至少不能是充分条件。

第二,劳动财产论无法界定权利边界。无论是劳动取得还是"足够多且好"的限制条件,都不足以界定知识产权作为劳动成果的权利边界。有学者曾质疑道:"如果我将一罐番茄汁倒进大海,让它均匀地混入整个海洋,我是否因此拥有整个大海,还是只是愚蠢地浪费了我的番茄汁?"[99]175劳动财产论无法回答前述问题。正如洛克劳动财产论难以回答对番茄汁与大海的权利范围一样,脑力劳动是基于前人创造的知识库而创造的知识,难以将自身的劳动与公有领域的知识相区别。茅盾曾经说,伟大的作品,除了作者独创的部分而外,还凝结了所处时代文化遗产中提炼得来的精髓。若允许创造者将公有领域的知识库的一部分占为己有,亦难谓"足够多且好"留给别人。这一问题表现到 INS 案中,即原告享有的"准财产权"的权利边界不明。因此,洛克劳动财产论亦难以回答第二个问题。

第三,洛克劳动财产论允许个人通过脑力劳动将公有领域的知识库的部分占为己有,将加剧国内贫富差距和各国经济发展不平衡的问题。从比较优势而言,能够最大限度地私有化公有领域知识的国家,必然是工业基础更为雄厚、组织合作更为有效的发达国家,比如美国的生物医学产业能够将新冠病毒的 DNA 结构解析后设计针对病毒的 RNA 疫苗,好莱坞动画电影《寻梦环游记》能够将南美洲墨西哥亡灵节的场景和故事通过精美绝伦的画面呈现。而这种制度安排将工业基础相对落后的国家排除在游戏之外,它们难以获得知识产权,亦无从实现《TRIPS 协定》希冀的建立创新工业基础的美好期待。

知识产权法律实践也证实,劳动财产论不应作为知识产权的正当性基础。在此以美国版权法上的"额头淌汗"原则和科学发现权的消亡为例,进行论证。美国版权法曾承认体现知识产权劳动财产论的"额头淌汗"原则,但该原则已经为美国联邦最高法院明确废除。在美国 1991 年 Feist Publications v. Rural Telephone Service 案①中,被告在原告拒绝其许可使用原告制作的电话簿白页后,自行摘取部分内容用于自己的电话簿,被原告起诉侵犯电话簿的版权。美国联邦最高法院认为,原告的电话簿只是将姓名、居住城市和电话号码按照字母 A – Z 顺序进行排列,其内容属于不可版权的事实,排序方式也不具有独创性,即使付出了汗水劳动,不应享有版权。该案中,法院推翻了美国版权法实践中的"额头淌汗"原则,认为"额头淌汗"原则容易对公有领域的内容造成垄断,而没有保护和鼓励创作以维护版权法的这一基本目的,将扭曲版权法的基本原则。

此外,劳动财产论曾作为科学发现权立法的正当性基础,但是科学发现权最终并未获得普遍认可。第一次世界大战结束后,通货膨胀严重,物价飞涨,固定工资收入的科学家相较作者和发明人无法对其科学发现成果分享经济利益,陷入相对贫困的状态,这一现象被归因于法律没有公正地对待这些科学家[100]。1922 年,巴特尔米教授在法国下议院提出保护基础研究科学财产的立法提案,主张任何人有权分享其智力活动的成果产生的可能的经济收益[100]。但许多国家担心科学发现权将提高技术应用的成本而搁置这一提案。第二次世界大战后,联合国教科文组织再次对科学发现的法律保

---

① Feist Publ'ns,Inc. v. Rural Tel. Serv. Co. ,499 U.S. 340,354 – 355 (1991).

护开展调查研究,发现发达国家已经出台了各种鼓励科学发现的替代措施,而私有企业也出于科学发现与实用研发的紧密关系对科学发现研究进行可观的投资,科学家在一战后的窘迫境遇已经大大改善[101]1872。为此,联合国教科文组织放弃了对科学发现进行法律保护的项目,转向促进科学家之间以及科学家和产业者之间就科学发现进行交流的努力[101]1872−1873。科学发现的广泛传播利用对于全社会而言是一场正和博弈,不仅不会缩减存量,反而会增长存量。因此,将科学发现保留在公有领域,有利于最大限度地发挥其社会效益。

综上,知识产权劳动财产论无法促进知识库朝着有利于公共利益的方向增长,反而容易将知识库以私有化的方式消耗殆尽。洛克劳动财产论作为知识产权的正当性基础有利于激励创作行为。但激励创作行为并不一定通过财产权的制度安排进行,也可以通过适当的报酬。劳动投入并不是创造者享有知识产权的充分条件。

4.3 公共利益与知识产权人格权论的冲突

4.3.1 知识产权的黑格尔人格权理论阐述

除了洛克劳动财产论外,黑格尔人格权理论也被部分学者主张作为知识产权的正当性基础。在此,首先简述黑格尔人格权理论的主要内容。黑格尔认为,人格意味着拥有权利的能力,其任务是:做一个人并尊重他人为人[102]53。一个人必须给他的自由一个外部领域,以便他可以达到思想中隐含的完整[102]55。人格有权把他的意志置入任何事物中,因为物在自己本身之中不具有这样一种目的,它从他的意志中得到它的意义与灵魂——人对一切事物有绝对的据为己有的权利[102]57。黑格尔认为,认识、科学、才能等等是自由的精神所本有的,是精神的内在东西,而不是外在东西,但是精神同样可以通过外在化给予它们一种外部的"定在",而且把它们转让,这样一来就可把它们归于物的规定的[102]56−57。尽管这种精神技术产品的购买者拥有复制件的使用和价值,但是作者或者发明人仍然是精神技术产品的权利所有人,其不能直接处置,但可以保留供其私人使用[102]74。

知识产权人格权理论的主要内容简述如下。有学者认为,知识产权为私权,是近代社会法律革命与制度变迁的结果,由于封建王朝的衰落与私权观念的兴起,市民阶层主张对印刷品、专营品应产生一种新的权利,即"精神所有权",不应由国王授予特权才产生,而应基于作者的转让而取得[103]。特别是,黑格尔人格权理论通常被认为是知识产权具有人格权属性的理论基础。人格有权将他的意识置于其创作的知识产权客体中,同时,知识产权客体从人的意志获得它的意义与灵魂。休斯以版权为例,认为作者享有作品的版权在于,雕塑家或画家在媒介中实际体现他的人性,并产生一件艺术品[104]。在 INS 案中,霍姆斯大法官认为,新闻报道的价值在于实时性,而被诉行为的不正当性在于使用竞争者的新闻报道而不说明出处,使得西海岸的民众以为新闻报道来源于被告而非原告①。这种强调被告使用原告的新闻报道应标明出处的观点,体现了知识产权人格权理论注重知识产权客体与创作者之间的人格联系的特点。

为了应对知识产权人格权理论的一些实践问题,休斯对知识产权客体体现人格的主张进行一定的调整。首先,对于不同类型的作品体现不同程度的人格,他认为可以通过分类的方式保护作品的人格权益,即诗歌、小说、音乐、雕塑、绘画等作品具有明显的人格特征的作品予以人格权益保护,而对地图、计算机软件、专利、技术秘密等缺乏人格特征的智力成果不予人格权益保护[104]。其次,对于知识产权作为人格权能否转让的问题,休斯认为交易有利于双方利益,因此有利于实现自我人格[104]。另有学者利用人格权理论和交易的相关理念,认为作为发明者的员工在发明中应比通常的传统员工在分配合同中保留更多的财产利益[105]。

黑格尔人格权理论除了用来解释创造者对知识产权客体的人格利益具有独特意义,还可以用来解释人工智能生成物为何不应享有著作权。根据黑格尔人格权理论,创造者享有智力成果的知识产权在于,创造者在智力成果中体现他的精神和人格。而有些人忽视人创造智力成果的基本原则,认

---

① Int'l News Serv. v. AP,248 U. S. 215,246 – 247 (1918).

为黑格尔人格权理论不适用于工业化大生产环境下的知识产品,因为这些知识产品几乎不体现创造者的人格,而人工智能生成物应根据其内容表现决定是否享有知识产权[106]。前述观点否认了黑格尔人格权理论在工业化生产出来的知识产品上应用,并拒绝以智力成果创作过程中的人格利益作为智力成果享有知识产权的必要条件。这一观点缺乏正当性基础,因为知识产权的权利源头即是自然人创造的智力成果[107]。根据我国《著作权法》,著作权原始归属于作者。专利权略有不同。发明人有权申请专利权,申请被批准后,发明人为专利权人。若发明人执行单位任务或者主要利用单位条件完成的发明创造,单位享有申请专利的权利,申请被批准后,单位享有专利权;但发明人依照专利法有权在专利文件中写明自己是发明人或者设计人。前述规定的缘由正是在于知识产权法保护的是自然人的精神创造成果。

但黑格尔人格权理论对于解释知识产权的可转让性需要进行更详细的阐释。吴汉东以黑格尔"财产人格"理论为基础,在所有权的框架内,具体阐述了精神所有权转让及保护的有关问题:(1)精神所有权转让的条件限于精神能力及其产品的部分转让,即知识产权制度允许某一精神产品的全部权利转让,但并不主张其全部知识产品(包括未来创造的产品)的全部权利转让,其立法规定不仅具有保护创造者的财产利益的目的,而且具有维系其人格独立的功能;(2)精神所有权转让的对象——精神产品,可分为艺术作品、著作品、发明技术装置和处于艺术作品或工匠产品这两极之间的各种不同阶段的精神产品;(3)精神所有权受让者的权利依各类精神产品的特性不同,特别是与转让者的意志相关;(4)精神所有权的保护以促进科学和艺术的纯粹消极但又是首要的方法,保证从事此业的人免遭盗窃,并对他们的所有权加以保护[108]。因此,按照黑格尔人格权理论,知识产权为人格权,将面临人格权不得转让而实践中对知识产权进行交易的问题,但通过知识产权许可的方式即可解决前述问题。例如,德国著作权法规定著作权不可转让,但是可以许可使用作品。

综上,根据黑格尔人格权理论,知识产权的正当性在于创造者在智力成果或商业标识中注入其人性。创造者有权将其意志注入创造物之中,创造物由于人的意志获得它的意义。

4.3.2　知识产权人格权论妨碍知识产权交易

从公共利益的角度,黑格尔的人格权理论作为知识产权的正当性基础,存在诸多难题。首先,知识产权人格权理论侧重于创造者与创造物之间的联系,但是此种联系应否受到法律保护?除了作者与作品之间存在独特联系,读者也可能与作品存在独特联系,包括创作"同人作品"。人格权理论应保护"同人作品"与原作者的关系,还是与粉丝作者的关系?[109]11有人可能提出,著作权法上的署名权和保护作品完整权体现了对作者人格权益的保护。对此,有学者认为,著作权法上的署名权和保护作品完整权的立法目的为保护重要的作品,以保护一个社会文化记录的准确性,而不应出于对艺术家人格在作品中居于中心地位的考量[65]96。

对于休斯提出的特定类型的作品具有明显的人格特征,而有些类型的作品没有,并据此区别保护作者人格权益与否的做法,可能违背了法律平等保护的原则。而采纳休斯观点的美国版权法对视觉艺术作品(绘画、印刷、雕塑以及为展览目的的摄影作品)作者的人格权予以保护的做法,则难以回答何为仅对视觉艺术作品提供人格权益保护。美国版权法对视觉艺术作品的人格权益的保护,似乎更像是为了履行《伯尔尼公约》的国际义务而采取的权宜之计。

其次,当黑格尔人格权理论用于知识产权的理论基础时,可能早已歪曲解读了黑格尔的理论。重新考虑黑格尔人格权理论,可以认识到其本身不在于探讨财产权(更不用说知识产权)的制度安排。对于黑格尔来说,"好"是人的内在人格和自我意识的自由,这种自由是在更广泛意义上的社会生活和宗教信仰上的意志自由[102]72-73。而财产本质上属于实现人的意志自由的工具,财产本身并没有独立的意义。有学者概括知识产权法最终要实现的公共利益在于"构设一种人人得有机会主张利益、抒发意志、反对异化和不公平对待的生活秩序,进而谋求健全、和谐的生活状态"[110]18。从这个角度来说,将黑格尔人格权理论作为著作人格权的理论基础,具有重要意义。正如有学者指出,黑格尔的人格利益理论揭示了利益分配机制的哲学基础[111]，但若要其胜任知识产权的权利基础，则超出范围了。

甚至，黑格尔可能也不在乎智力成果创造者与其智力成果之间的人格联系是否应受到法律保护，以至于排除他人对智力成果的使用，因为其认为，智力成果创作出来后可以为其他人生产使用相同的智力产品，而对智力成果创造者的保护则在于免遭剽窃[102]74-75。黑格尔对于个体的意志自由加以阐述的同时，对于公共生活的关注主要在于盗窃行为对公共安全的破坏，以及国家如何实现公民个体的意志自由[102]89,195。相应地，知识产权法应保障智力成果的创作者的意志自由，从而作为实现他们个体本身意志自由的手段。似乎，黑格尔人格权理论并不承认个体之外存在公共的领域，或者说，个体的意志自由并行不悖，并不会产生冲突。最后，创作者本身在知识产权法上并不总是个人。相反，随着分工的深入，集体创作越来越占据重要地位，例如著作权法上的法人作品。但黑格尔人格权理论不承认拟制人享有人格，如此，便难以解释知识产权由单位原始取得的制度安排。

4.4　公共利益与知识产权工具论的协调

4.4.1　知识产权的德霍斯工具论阐述

洛克劳动财产论和黑格尔人格权论属于自然权利论，其特点是权利来源于先验的自然法则。工具论用于解释财产权时，重点在于强调财产权是实现社会目标的工具。工具论，又称工具主义、实验主义，属于实用主义的一种形式。工具论主张，科学概念和理论的价值不是由它们在某种意义上是真实还是与现实相对应决定的，而是取决于它们在多大程度上有助于做出准确的实证预测或解决概念问题。因此，工具论认为，科学理论应主要被视为解决实际问题的工具，而不是对自然界的有意义的描述。

对知识产权工具论进行系统化阐述的代表学者是德霍斯。德霍斯认为，知识产权是实现某一既定目的的制度，因此对知识产权法的解释应依据法律制度的目的有系统地进行，而不是依据所谓付出劳动和创造价值的非法律意义上的回报预期应得到保护这种漫无边际的道德观念来进行[98]302。

建立在工具论基础上的知识产权伴随着知识产权权利人的义务——如果确立知识产权的目的是实现某一既定目标,那么由此也就推论出,知识产权权利人有义务以不损害知识产权被最初授予的目的的方式行使知识产权。

尽管有学者批判工具论不过是为政治干预传统法律进行的辩护[112],但是工具论在实践中具有重要影响。在 INS 案中,布兰迪斯大法官的反对意见认为,脑力成果确实花费了生产者的金钱和劳动,但是这不足以确认其享有财产权;一般的法律规则应是,人类的知识、真理、概念和思想如同空气般为公众自由使用,除非确有公共政策需要将其作为知识产权的客体予以排他权利①。因此,根据工具论,与其说知识产权是生产者的财产权,不如说知识产权是实现公共利益的工具。

综上,知识产权工具论认为,知识产权为法律确定的以实现公共利益为目的的权利。德霍斯没有指明建立知识产权法的目的。有学者认为,知识产权法的目的是"有效促进公共领域与私部门资源交换与相互增益以丰富公共领域"[113]3。本文在第 2 章研究得出知识产权法上的三种公共利益,即激励知识创新、维护社会公德、共享知识获益,应作为知识产权法的目的所在。下文对此进行讨论。

4.4.2　知识产权工具论激励知识创新

从经济属性上来说,知识产权客体具有公共物品的特征。公共物品在经济上是指非排他的和不可耗尽的物品,例如空气和国防。与公共物品相反的概念是私人物品,是指排他的和可耗尽的物品,例如食物。现实中许多事物则是介于公共物品和私人物品之间,例如音乐会是排他的但是不可耗尽的,公共海滩是非排他的但是可耗尽的(许多人使用将使得沙滩不那么吸引人)。从使用上来看,知识产权客体是非排他的且不可耗尽的。虽然可能因为语言、感官、场所等现实限制,在实际使用知识产权客体上并不是完全非排他的,例如用英语撰写的图书对于非英语读者而言,是无法通过阅读的方式使用的。然而,知识产权客体不会因为许多人使用而耗尽,反而通过含

---

① Int'l News Serv. v. AP,248 U. S. 215,250 (1918).

有知识产权客体的产品的广泛传播更加彰显其效益。例如,我国政府提出将国产新冠疫苗作为公共产品,在国内全民免费接种,并向国外以可及性和可负担性的条件进行供应,有利于民众获得疫苗的防护。

需要说明,商业标识的使用则有所不同。不同于作品或者技术方案,越多人使用越有利于社会公共利益,商业标识本身具有排除其他经营者使用的特征。由于商业标识的首要目的在于识别特定的商品来源,若其他经营者在类似商品上使用近似商标,相关公众则可能混淆商品来源,从而妨害商标识别商品来源的基本功能。但相关公众对商业标识的使用仍然是非排他且不会耗尽的。例如,消费者穿着带有商标的衣服,不会妨碍他人购买并穿着同样带该商标的衣服。

公共物品不代表该物品必须公有公享。在经济学上,对于公共物品的一般性观点是,由于公共物品没有排他性,"搭便车"问题的存在使得私人市场无法提供公共物品,但政府可以通过税收收入支付来提供公共物品,从而使每个人的状况变好[114]236。公共物品也可以通过权利配置的方式进行利用。通过法律赋予排他性私权的方式,可以一定程度上克服"搭便车"问题。知识产权的经济学基础在于,通过法律赋予私权的方式,鼓励将知识产权进行市场交易(甚至侵权损害赔偿也可以理解为交易),从而将知识产权客体的生产成本内部化。例如,专利法的经济学逻辑在于,法律授予专利权人对技术方案享有排他实施的权利,通过市场交易的方式,使研发的成本和收益内部化,从而促进创新和技术进步。

知识产权的法律人为创设的排他性与其权利客体的特殊性有关。在我国《民法典》制定过程中,曾有草稿将知识产权规定为"专属的和支配的权利",似乎知识产权可以如同物权一般对有体物进行占有和支配。然而,知识产权的权利客体没有物理形态,也无法通过物理力量占有,甚至被侵害时,权利客体本身并没有任何损耗[115]362-63。因此,《民法典》最终以"专有权"作为知识产权的特征。

从知识产权法的历史中可以看到,无论是威尼斯还是英国,都授予排他权以鼓励技术引进和发明。这体现了两方面的考虑:一是政府选择通过授予排他性权利的方式,而非政府奖励的方式,鼓励技术创新;二是政府授予的排他性权利使得权利人得以享有一定期限的市场垄断地位,将技术应用于工业制造中,并且他人可以从中习得技术并在权利到期后广泛使用。如此,通过法律赋予权利人对其智力成果的一定期限的市场垄断地位,允许其在市场竞争中获得法律保护的优势地位,获得相应的回报。知识产权并不排除通过奖励鼓励创新,而是在奖励之外提供了一种法律制度安排。这种制度安排通过创设知识产权客体的人为稀缺性,使得创造者取得市场竞争优势,并借此获得投资回报,激励其持续创新。

知识产权市场垄断以激励持续创新的基础在于经济学逻辑。激励理论认为通过知识产权保护以鼓励和奖励知识的生产和传播,使得作者可以就其作品获得生活来源,发明人研发投入可以得到回报,文化科技市场得以建立,支持知识源源不断地创造和应用[116]2-3。假设没有专利权,任何人可以自由使用他人的技术方案而不需承担任何责任,那么发明人为创造或改进新技术方案投入的成本可能无法从市场交易上获得回报,因为其他使用新技术方案的产品不需要投入研发成本就可以与发明人的产品进行市场竞争。由此,发明人因为相对高昂的成本而在产品价格上处于劣势。在完全竞争的市场上,经营者只能接受市场机制下形成的价格,而这一价格并不是由发明人决定的,而是由全体生产这一产品的经营者和消费这一产品的消费者所决定的。在产品品质等同的情况下,发明人的产品可能因成本高于市场价格,而在市场竞争中被淘汰。长久以往,除了部分发明人出于兴趣爱好等非经济的原因仍然进行发明创造外,许多发明人可能因为缺乏激励而退出发明领域,从而导致社会上发明创造整体供给的下降。

专利制度被称为"天才之火添加利益之油"。通过发明人充分公开其技术方案的方式,对具有新颖性、创造性和实用性的技术方案授予专利权,鼓励专利权人源源不断地投入对社会有益的发明创造的投资及市场应用,为公众提供新技术新产品,增加社会知识,促进社会经济增长。专利制度依赖于自由竞争的市场机制发挥其激励作用。科学技术作为第一生产力,能够带来财富的增长、行动能力的增强和效用的满足;但科学技术活动所能获得的资源投入与发展方向,相当程度上取决于市场需求[110]23。而对于市场需求,追逐利润的企业明显比政府更加反应灵敏,由此科学技术的生产和制造被自然地导向市场,由企业挖掘和满足市场需求[110]23。同时,科学技术的经济价值亦需通过市场来实现。

商标制度似乎与科技文化进步无关,但事实并非如此。商标法保护承载在商品之上的商誉和品质,而这种商誉和品质很大程度上依赖于生产经营者对商品的科技和文化上的投入,也有可能是生产经营者通过商业秘密保持其商品或服务的品质优良稳定。例如,苹果手机风靡全球,主要因为其简洁大方的外观设计,流畅的操作系统,而这些属于外观设计专利、计算机软件著作权的保护对象。另如,可口可乐的口味独特,与其受到商业秘密保护的独特配方有关。而单纯地依赖复制他人的商品,不进行创新的生产经营者,几乎无法建立自己的品牌,成就高价值的商标。因此,商标与专利权、著作权常常相辅相成,成为生产经营者在市场竞争中立于不败之地的制胜法宝。

同时,知识产权保护应有利于促进技术转移和传播。知识产权法通过保护创造者对其智力成果的法律利益,通过市场交易等方式,激励其进行智力成果的创造与传播,从而促进社会范围内科学文化的发展与繁荣。这一点在国际领域实行相对统一的知识产权法律,亦是为了促进各国间的科学文化交流与进步。若没有知识产权法保护,许多国际会议举办的成本可能远远大于现在的成本。例如来自不同国家的学者要求主办方对其未发表的论文进行严格的接触限制,在报告其研究进展时,为防止他人抄袭而吝于公开研究内容,对参加报告的人员进行严格的资格审查等等。

但将知识产权法的基本功能简单表述为鼓励创造,尚欠缺足够的解释力[117]。知识产权法的基本功能应为赋予知识产权市场垄断权利,并通过市场交易鼓励创造和分配知识产品。知识产权市场垄断激励智力成果创造和传播有其社会经济发展的基础。在早期市场经济相对不繁荣时,知识产权市场垄断激励的方式可能难以成行。以古代中国为例,小手工家庭作坊式的生产方式,使得大部分人通过自己劳作就能满足日常生活需要,对于市场交易的需求较少,因此,智力成果的创造者无法通过市场交易获得足够的回报。彼时,拥有知识的人进行创作通常有两种情形:一是供职于政府,通过政府资助以激励其进行发明创造;二是本身属于物质条件优越的家庭,进行创作并非为了经济收入,而是为了名誉等精神利益。例如,古代文人墨客聚会写诗填词,并非用来销售,相反,他们可能会将自己的诗集赠予友人,但绝不会进行买卖。随着印刷术尤其是古登堡印刷机技术的使用,受教育群体的壮大,以及对于阅读的需求,出版业逐渐兴起。而出版商为了提供商品——书籍,愿意支付一定的费用给作者购买其作品,用来销售获利。因此,对于知识产权法而言,其将非物质的科学、文学、艺术领域的独创性表达,科技领域的技术方案和商业社会的来源标识等作为知识产权客体,从法律上允许它们像商品一样进行流通交易。通过市场交易的方式使得智力成果创造有利可图,继续创造更多的智力成果,并且,通过市场交易的方式,实现智力成果的传播。

知识产权赋予权利人市场垄断的权利,对于市场导向的科技文化产业而言尤其重要。例如,好莱坞影视产业的发展离不开知识产权的保护。以电影作品的创作为例,许多电影作品从已取得市场成功的小说改编而来,由此,制片人需取得小说的影视改编的权利,以避免其他制片人改编同一部小说与其产生直接竞争。接着,制片人组织编剧对小说进行影视化改编,创作剧本,作为摄制影视作品的“蓝图”。然后,制片人组织导演、摄影、演员等人员进行拍摄作品,剪辑后形成电影。最后,制片人将电影发行获利。在这一过程中,若没有著作权对其中产生的独创性表达进行保护,例如他人可自由使用剧本拍摄电影,制片人的巨额投资很可能难以回收。知识产权保护并不保障市场回报。若要通过知识产权获利,仍然依赖于公众对知识产权客体的需求。因此,知识产权市场垄断激励产生的效果,应是符合市场需求的产品被制造销售,相应的企业由此获得利益。但知识产权市场垄断激励并不保证优秀智力成果的产出。

同时,知识产权市场垄断激励机制应限于促进公共利益正增长。吴汉东指出,知识产权保护将导致原来人们所共有的生产、技术、市场知识和技能开始划归私人领域,知识财富的公有领域相对地缩小,从而造成知识创造者的个人利益与知识利用者的公众利益之间的冲突[103]。这种担忧无不道理。知识产权的市场垄断意味着公众对知识产权客体的使用受到限制甚至被禁止,而智力成果对社会的效益最大化应是越多人使用效益越大。

然而,知识产权的市场垄断效应可能阻碍后续技术创新。蒸汽机技术发展的历史表明,从1772年到1813年的42年间,瓦特和博尔特对分离冷凝器享有专利权,蒸汽机的输出功率提升缓慢,平均每年约3.8%[118]。特别是在1786年到1800年的14年间,他们几乎绝对控制蒸汽机技术,压制后续技术创新,但蒸汽机的输出功率几乎没有增加。他们的专利保护过期后,蒸汽机技术领域进行合作研发,采取类似于现代计算机程序开源方式,在1814年到1852年的38年内,蒸汽机输出功率提升显著,达到每年8.5%[118],是专利保护期间的两倍还多。另如,在基因技术领域,美国麻省理工学院的实证研究表明,知识产权保护对后续创新产生持续的负面影响[46]。

知识产权保护应仅限于自由竞争不足以激励可持续创作的情形。自由竞争的市场上存在多种形式的激励机制,例如市场先发优势。市场先发优势意味着首先提供市场产品的经营者具有优势,因为当时市场上的替代产品很少,并且可能通过首先与合作伙伴和消费者建立关系来获取利润①。例如,在时尚行业,流行变化如此之快,即使允许免费复制,设计师可能并不关心复制,因为他们忙于推广新设计[119]322。通过允许复制设计,从而刺激新设计的新需求,免费复制刺激了时尚设计的创新。若市场先发优势足以提供市场激励,即使对智力成果没有任何法律保护,智力成果的创作者也有足够的动力提供智力产品。

知识产权的市场垄断特权具有明显的工具论色彩。这也意味着,知识产权法的制度安排应以促进公共利益为限,确定合宜的知识产权权利规则,包括限制知识产权的市场垄断权利,例如设置权利取得的要件、限制权利范围等。以下主要讨论知识产权的保护期。

4.4.3 权利保护期届满进入公有领域

知识产权市场垄断的重要限制是知识产权的有限保护期。在 Millar v. Taylor 案中,英国法院认为作者在《安妮法》规定的保护期届满后,仍然享有

---

① See Testquest,Inc. v. Lafrance,C0 – 02 – 783,2002 Minn. App. LEXIS 985,at ＊8（Ct. App. Aug. 27,2002）。

普通法上的版权。然而这一判决为 Donaldson v. Beckett 案推翻,确定《安妮法》规定的版权保护期届满后,作品进入公有领域,任何人可以使用[65]32。由此,版权作为法律规定的权利,超出法律规定的有效期后,即不再受保护。知识产权的保护期限规则使得知识产权与物权、人格权等绝对权相区别,表明知识产权并非自然权利,而是法律规定产生的权利。

知识产权的保护期限应以促进公共利益为限。1841 年英国议会在讨论是否应将版权保护期从作者终生或 28 年修改为作者终生加 60 年,或作者终生加 25 年时,麦考利议员提问道:"版权保护期的规定,是为公共利益立法,是权宜之计还是权利问题?"[1]当时,有人认为,版权是自然法则赋予每个人其思想和想象力的神圣和不朽的财产。麦考利反对这一意见,认为法律创造财产,且法律应为最有利于公众一般利益而确定版权的保护期。麦考利认为,版权是通过赋予作者垄断的权利允许其取得报酬,但考虑到垄断本身是邪恶的,应将邪恶的持续时间控制在给予作者报酬所必需的时间。

然而,在过去的数百年间,著作权的保护期限被多次延长。1710 年英国《安妮法》规定版权保护期为 14 年,若到期后,作者仍然在世,再延续 14 年。1911 年起,英国版权法规定版权保护期为作者有生之年加死后 50 年。而美国 1790 年版权法与英国版权法相近,版权保护期为 14 年,期满后可再续展 14 年。后来美国多次对版权保护期进行延长,现有规定为 1978 年 1 月 1 日后创作完成的作品,版权保护期为作者有生之年加死后 70 年。《TRIPS 协定》规定著作权保护期为作者有生之年加死后 50 年。

延长著作权保护期似乎是国际趋势。德国著作权法规定著作权保护期为作者有生之年加死后 70 年。CPTPP 第 18.63 条规定著作权保护期为作者有生之年加死后 70 年。如今著作权保护期限为作者终生及死后 50 年或者 70 年已经成为许多国家的选择,而这种保护期限以维护作者的子孙辈的财产权益为正当性基础,实质上是存疑的。正如麦考利认为的,作者的继承人享有版权并不会鼓励作者的创作,反而可能因为持有与作者不同的意见而阻碍作品的传播,例如鲍斯威尔撰写的《约翰生传》被鲍斯威尔的大儿子认为鲍斯威尔与约翰生的关系是家族的耻辱,因此若其大儿子继承该书的版权,该书在市场上预计将非常稀有[1]。

不同于著作权的保护期限在数百年间延长了数倍,专利权的保护期限相对短得多,且比较稳定。文艺复兴时期,威尼斯对专利的授权期限为 10 年。英国专利法和德国专利法规定专利的保护期为 20 年。美国 1790 年专利法规定专利的保护期为 14 年,1952 年延长为 17 年,1994 年根据《乌拉圭回合协议法》(URAA)修改专利保护期从授权之日起 17 年到申请之日起 20 年。对于美国专利保护期从授权之日起 17 年到申请之日起 20 年,难谓延长了保护期,因为原先不计入保护期的申请时间现在计入保护期后,实际上可能缩短了专利权保护期限。

理论上来说,知识产权保护期届满后,知识产权客体进入公有领域,任何人可以自由使用,相应的价格将迅速降低。但一些国家专利法允许专利权人继续在先申请的专利的基础上申请专利,从而达到实际上延长专利保护期的效果,这种做法被称为"常青树"。另外,一些国家对药品行政审批的时间对药品的专利期进行补偿,从而使得药品的专利保护期超过 20 年。我国《专利法》第 42 条第 3 款规定,在中国获得上市许可的新药相关发明专利的专利权补偿期限不超过 5 年,新药批准上市后总有效专利权期限不超过 14 年。这也就意味着,仿制药进入市场的时间被推迟。这对于病人而言,可能是无法承受的时间成本。

即使对知识产品的需求并非十分紧迫,若知识产权有效期过长,仍然影响公众对知识产品的可及性。著作权和专利的保护期限延长意味着受保护的智力成果须经过更长的时间才进入公有领域,而这也意味着他人对智力成果无须许可的免费使用被推迟。例如,米切尔 1936 年创作的小说《飘》,在 1909 年美国版权法下保护期为 28 年加续期 28 年,应于 1992 年过期,但由于美国 1976 年和 1998 年延长版权保护期,该小说最后在 2020 年过期,推迟了 28 年进入公有领域。

美国曾有经营公有领域作品的企业向法院提起诉讼,认为美国版权法 1998 年《延长版权保护期的法案》违反了美国宪法版权条款和《宪法第一修正案》言论自由条款①。美国联邦最高法院驳回诉讼请求,主要原因是:即使

---

① Eldred v. Ashcroft,537 U. S. 186 (2003).

是延长后的版权保护期,仍然是"有限的保护期";在版权保护期届满后,其他人可自由使用作品。然而,史蒂文斯大法官的反对意见认为,判决没有对国会授予作者、发明人及其权利继受人的垄断特权方面进行审查。1998 年《延长版权保护期的法案》对过去创作的版权作品进行保护,无法激励当下以及未来的创作,而且将公众原本可自由使用的作品又纳入保护范围,实则违反了宪法版权条款"促进公众可及的作品的公共利益目的"。因此,史蒂文斯大法官认为,该方案没有任何公共利益的支持,而且不利于实现宪法版权条款的核心目的。该意见不无道理,著作权的有效期在数次延长后,将作品进入公有领域的时间大大推迟。对于作品的潜在受众而言,若著作权人有意拒绝将作品公开进入流通渠道,受众可能须等待上百年才能获得该作品。彼时的受众早已不是当年对作品感兴趣的人了。

对于著作权和专利的保护期的问题,有人可能会提出,延长保护期并不会实质性影响市场竞争,因为著作权法允许独立创作相同的作品,市场竞争的压力也会催生使用专利技术以外的替代技术方案[120]48。然而,过长的权利保护期并没有带给创作者符合比例的创作激励。有学者对美国 1790 年至 2015 年的版权登记进行研究,发现版权保护期越长,版权登记的作品越多,但前述的激励效应在 75 年的保护期后将不再显著,甚至产生收益递减的影响[121]。具体来说,从 1909 年至 2005 年,在美国版权办公室续展版权保护期的,几乎在 20% 以下。其中,影视作品的续展率最高,1950 年后几乎在 50% 以上,音乐作品的续展率也较高,平均在 30% 以上,但是对于其他的作品类型,例如书籍、期刊、图形作品等,续展率都在 30% 以下,意味着大部分版权人的理性选择是不再续展其版权,任由作品进入公有领域。从前述数据也可以看出,版权保护有效期与作品的商业价值有密切联系。对于许多商业价值不高的作品,版权人并没有动力去续展保护期,这些作品可以早日进入公有领域。然而,美国版权法后来删去续展的要求,统一适用较长的保护期,使得前述市场价值不高的作品仍然处于权利人的专有权之下。这种制度安排不但没有真正激励创作者,反而使得公众长期负担著作权许可的交易费用,有损公共利益。

最后,商标和商业秘密没有明确的保护期。注册商标的有效期为 10 年,有效期满后需要继续使用的,商标注册人可以办理续展手续,每次续展注册的有效期为 10 年。商标的生命在于商业使用以识别商品来源。若停止使用商标,商标权保护将缺乏正当性基础,因为没有消费者将其作为识别商品来源的标识,即使他人未经许可使用也没有侵犯商标权人的合法权益。对于商业秘密,保护的关键在于经营者对其秘密信息享有市场竞争优势。商业秘密只要符合秘密性、价值性和保密措施的要件,可以一直享有法律保护。然而,现实生活中,商业秘密可能因为推出新产品、技术更新等原因失去秘密性,但是商业秘密本身具有的维护市场竞争秩序的作用并不会限制商业秘密的保护期限。

4.5 本章小结

本章从公共利益的角度讨论了知识产权法的基础理论,包括洛克劳动财产论、黑格尔人格权论和德霍斯工具论。首先,洛克劳动财产论用于解释知识产权的正当性存在问题。但其存在的问题一是劳动财产论无法界定知识产权的权利边界;二是劳动财产论容易使得私人通过劳动蚕食公有领域的知识库而损害公共利益。

其次,黑格尔人格权理论强调知识产权客体与创作者之间的人格联系。但人格权理论在强调创作者意志自由时,实则将知识产权作为实现意志自由的手段和工具,并不关注个体之外存在公共的领域。而且,人格权理论难以解释知识产权转让交易的实践。

最后,德霍斯工具论将知识产权作为实现公共政策的工具和手段,可以与促进公共利益相协调。知识产权应通过市场垄断特权激励知识创新。同时,为避免垄断特权损害公共利益,应限制权利的保护期限,以维护公众对知识产权客体的使用获益机会。

5 公共利益应为知识产权取得和行使的要件

5.1 引言

第 4 章从公共利益的角度审视了主要的知识产权法的基础理论,指出劳动财产论与人格权论的不足,主张以工具论作为知识产权的正当性基础。本章深入我国知识产权法的法律规范和司法实践,对知识产权和公共利益的法律关系进行讨论。有观点认为,为保障社会公众对知识产品的必要接近和合理共享,有必要对知识产权进行限制,从而维护知识产权权利人专有权益和社会公共利益的平衡[122]33。然而,知识产权与公共利益的关系,并非在知识产权权利人利益和公共利益的天平中间寻找平衡点,而是为了促进公共利益对知识产权进行适当的限制。从知识产权法作为创造者与公众的社会契约的角度来说,若创造者取得和行使知识产权对公众无益,仍享有知识产权,将阻碍知识自由流通时,知识产权应受到限制[123]。

虽然有学者认为保护知识产权权利人的利益与促进公共利益具有内在一致性,但是此种观点在实践中恐怕难以立足。该观点认为,知识产权是实现公共利益的一种机制,保护知识产权即保护公共利益,并且从智力成果型知识产权鼓励创作研发投入,以创造出更多更好的知识产品,商业标记型知识产权鼓励广告宣传投入,以传递商品来源和品质信息,维护经营者与消费者的稳定联系,保护消费者利益[2]111。这一观点的前提假设为,通过知识产权权利人的自发行为和市场自发调节功能,可以满足知识创造和传播两方面的效益。但这一前提假设可能在实践中难以满足。首先,知识产品的有偿使用使得一部分公众难以负担,也带来知识产品的供给不足以满足全部的需求。其次,知识产权的保护期可能长达数十年甚至上百年,难以满足对知识产品具有紧迫需求的情形。最后,该假设没有考虑知识产权激励创新的价值与其他法律价值的比较,例如生命健康、教育公平等价值。

在我国知识产权法中,公共利益常常作为知识产权取得、限制和侵权救济的考量因素。根据公共利益对知识产权的取得和行使是明确要求符合的要件,还是违反公共利益时拒绝知识产权取得和行使的要件,分为积极要件和消极要件。具体来说,公共利益为专利权和商标权的消极要件、知识产权权利限制的积极要件、侵犯知识产权但不停止侵权的积极要件。本章对前述情形分别进行讨论。当公共利益限制知识产权行使时,知识产权权利人实则为公共利益而牺牲个人利益,是否有权请求补偿,也是本章要讨论的问题。

5.2　公共利益应为知识产权取得的消极要件

我国知识产权法规定妨害公共利益的智力成果不授予知识产权的情形,包括妨害公共利益的发明创造、损害公共利益的商标、危害公共利益和生态环境的植物新品种。但著作权的权利取得遵循自动产生原则,不受公共利益的限制。本节主要讨论公共利益与专利权、商标权和著作权的权利取得的关系。

5.2.1　妨害公共利益的发明创造不应授予专利权

我国《专利法》第 5 条规定:"对违反法律、社会公德或者妨害公共利益的发明创造,不授予专利权。对违反法律、行政法规的规定获取或者利用遗传资源,并依赖该遗传资源完成的发明创造,不授予专利权。"即使申请专利的技术方案符合新颖性、创造性和实用性的要求,仍然有可能因为妨害公共利益的消极要件,而无法取得专利权。1817 年美国 Lowell v. Lewis 案①中,涉案专利申请是一个泵,被告认为这个泵并没有比现有的泵更新颖或有用,不应授予专利权。但是法官认为,法律所要求的是专利授权的技术不损害社会福祉、良好政策或社会公德。涉案专利的泵虽然没有明显优于现有的泵的技术特征,但也不会损害公共利益,因此法院仍然授予专利权。我国专

①　Lowell v. Lewis, 15 Fed. Cas. 1018 (C. C. D. Mass. 1817).

利法上,公共利益亦属于专利权取得的消极要件,但专利申请人无须证明其申请专利的技术方案有益于公共利益。

实践中法院关于发明创造不应损害公共利益的理解为发明创造的实施或使用会对公众造成危害,但是这种观点值得商榷。有法院提出,这是指发明创造的实施或使用会给公众或社会造成危害,或者会使国家和社会的正常秩序受到影响①。如果发明创造因滥用而可能造成妨害公共利益的或者发明创造在产生积极效果的同时存在某种缺点的,则不能以"妨害社会公共利益"为理由拒绝授予专利权。例如,有法院认为能够注射具有严重腐蚀性的剧痛药水以迫使歹徒中止犯罪行为的"防爆注射器"属于"妨碍公共利益"的发明,不授予专利权②。但根据《专利法实施细则》第10条"专利法第5条所称违反国家法律的发明创造,不包括仅其实施为国家法律所禁止的发明创造","妨害公共利益的发明创造"不应包括实施为妨害公共利益的发明创造。"防爆注射器"是因为其实施或使用会造成妨害公共利益的后果,不应认为是发明创造本身妨害公共利益。而且,"防爆注射器"是否妨害公共利益在不同的情境下可能得出不同的判断。为保全生命而对歹徒使用此种注射器,与使用其他伤害性武器进行自卫,应为法律允许的正当防卫行为,并没有妨害公共利益。

实践中,技术方案本身妨害公共利益是极为少见的。因为技术方案对于使用它们的人类而言,都是手里的工具,受人类的大脑肢体所操控。很难想象有发明可以脱离操控它的人类行为而被判定为有害。例如,利用核聚变或核裂变技术可以发明杀伤力极大、对全球安全造成威胁的核武器,也可以发明杀死肿瘤细胞的放射治疗仪器,帮助治疗疾病。因此,限于技术层面的发明,难以想象其没有因为人类的滥用而妨害公共利益。而且,若有人利用发明危及社会公共安全,妨害公共利益,行政处罚法和刑法可以对行为进行制止处罚。因此,对于杀伤性强的发明造成他人损害的,应通过刑法进行规制,专利法不应主动介入,拒绝授予专利权。例如,仅展示而非实际产生

① 北京市高级人民法院行政判决书(2017)京行终4293号。
② 北京市高级人民法院行政判决书(2017)京行终4293号。

果汁的透明水箱发明,虽然可能有欺诈消费者的嫌疑,但是该发明并不因此而排除获得专利①。若经营者使用这种水箱,将展示箱宣称为果汁箱,可能因为误导消费者而为市场监督管理部门予以行政处罚。

违法利用人类遗传资源的技术方案,违背社会道德伦理,损害公共利益,不应授予专利权。我国《人类遗传资源管理条例》规定,我国人类遗传资源的采集、保藏、利用、对外提供应遵守该《条例》规定,并经国务院科学技术行政部门批准。人类遗传资源对于维护我国公众健康、国家安全和社会公共利益具有重要意义。实践中出现的基因编辑婴儿事件,属于严重违反社会伦理道德的情形。在该事件中,当事人以 CRISPR 基因编辑技术对人类胚胎编辑 CCR5 基因可以生育免疫艾滋病的婴儿为名,将安全性、有效性未经严格验证的人类胚胎基因编辑技术应用于辅助生殖医疗,在人类胚胎上进行基因编辑并植入母体,生下两名婴儿。最后,法院以"非法行医罪"判处当事人承担刑事责任。我国经历基因编辑婴儿事件后,《刑法》新增规定将基因编辑、克隆的人类胚胎植入人体或者动物体内,或者将基因编辑、克隆的动物胚胎植入人体内,处有期徒刑,并处罚金。

康德曾经明确提出:人是目的,不是工具。经过基因编辑的婴儿,其人生必将受到外在的基因编辑带来的影响,包括被长期当作实验对象进行观察研究。虽然不否认此项研究对于人类基因编辑科学的发展具有重要意义,但对于具有自由意志的独立个体而言,这两名婴儿自受精卵开始被当作实验对象,始终无法逃离因此带来的外界人为干预,如同《楚门的世界》中的楚门、玻璃瓶中的蝴蝶标本,为外界观察、研究甚至取乐的需要,而被约束着,不再是享有独立意志和自由的个体。这对于人的自主性的尊重将不复存在,这样的社会是可怖的。

但这并不意味着,CRISPR 基因编辑技术不应授予专利权。相反,基因编辑技术的基础专利非常重要。2020 年诺贝尔化学奖授予法国生物化学家埃玛纽埃勒·沙尔庞捷和美国生物化学家珍妮弗·道德纳,以表彰其在CRISPR 基因编辑方面做出的杰出贡献。诚然,CRISPR 技术在医学上有巨

---

① Juicy Whip, Inc. v. Orange Bang, Inc., 195 F. 3d 1364 (Fed. Cir. 1999).

大的潜力,但是也面临严峻的伦理问题。有学者担心 CRISPR 技术可能被用于非人类生物上,导致野生动植物灭绝等生态环境问题[124]。有学者呼吁政府和科研机构必须建立相应的标准,使得科研研究能够继续推进,同时预防这一新技术所带来的危险[125]。因此,各国规定严格的伦理审查,对基因编辑相关技术的应用进行严格限制。

综上,专利法拒绝对妨害公共利益的发明创造授予专利权。但是该规则的适用应明确,发明创造本身妨害公共利益,而非实施或使用发明创造妨害公共利益。对于人类而言,新技术通常是实现目的的工具,本身难谓妨害公共利益。

5.2.2　损害公共利益的标识应禁止作为商标使用

有学者将《商标法》第 10 条称为商标法上的公序良俗条款,意在保护社会公德、公共利益和社会经济秩序。从法律规范文本的字面上看,《商标法》第 10 条第 1 款前 6 项为政府和政府间国际组织等官方标识、第 7 项为质量认证和产地标识、第 8 项为公序良俗标识的规定。不可否认,前 7 项规定与公共利益相关,但是第 8 项作为公共利益直接相关的兜底条款,是此处的研究对象。

《商标法》第 10 条第 1 款第 8 项规定,"有害于社会主义道德风尚或者有其他不良影响的"标识不得作为商标使用。最高人民法院的司法解释认为,商标标志或者其构成要素可能对我国社会公共利益和公共秩序产生消极、负面影响的,人民法院可以认定其属于"其他不良影响";将政治、经济、文化、宗教、民族等领域公众人物姓名等申请注册为商标,属于前款所指的"其他不良影响"。在司法实践中,在广告服务上申请注册"轧神仙"标志①、在服装商品上申请注册"MLGB"标志②等被认定为容易对公共利益造成负面影响而属于"具有不良影响"的情形。

除了商业标识本身具有不良影响外,商业标识不应因为注册可能误导

---

① 北京市高级人民法院行政判决决书(2017)京行终 788 号。
② 北京市高级人民法院行政判决决书(2018)京行终 137 号。

相关公众而认定为"具有不良影响"。在"'微信'商标异议复审行政案"①中,被异议商标是申请注册在电话通信等服务上的"微信"标识,而在前述商标申请提交后,初审公告前,腾讯公司推出"微信"即时通信服务应用程序,并迅速成为广大消费者日常信息通信软件,在诉讼时已有 8 亿用户。商标评审委员会认为,被异议商标的申请注册可能对社会公共利益和公共秩序产生消极、负面的影响,已经构成《商标法》第 10 条第 1 款第 8 项所禁止的情形,不予核准注册。

在"'微信'商标异议复审行政案"中,审理法院的判决截然不同。一审法院支持商标评审委员会的决定,认为涉案的利益包括两方面:一是"商标申请人基于申请行为产生的对特定符号的先占利益和未来对特定符号的使用可能产生的期待利益",二是"庞大的微信用户群体已经形成的稳定认知和改变这种稳定认知可能造成的较大社会成本",相较而言,选择保护后者"不特定多数公众的现实利益具有更大的合理性"。换言之,如果核准注册被异议商标,相关公众可能将"微信"的注册商标专用权人与目前的微信服务提供者腾讯公司发生混淆,也无法继续通过"微信"标识识别目前的服务提供者。二审法院持相反的观点,认为腾讯公司以外的其他主体申请注册"微信"商标的行为不涉及公共利益和公共秩序,仅仅影响到腾讯公司推出的即时通信应用程序的名称确定的问题,并不影响该应用程序自身的正常使用。此外,腾讯公司及时更换即时通信应用程序的名称,也能够迅捷便利地通知到相关用户,不会造成相关公众对相关应用程序及其来源的混淆误认,不会损害广大社会公众的利益和公共秩序。

一审法院和二审法院的分歧在于,相关公众对诉争商标的混淆是否属于《商标法》第 10 条的"其他不良影响"。首先,诉争商标可能造成相关公众混淆,通常以《商标法》第 31 条(在相同或类似商品上申请注册相同或近似商标)或第 32 条(申请注册商标不得损害他人现有的在先权利,也不得以不正当手段抢先注册他人已经使用并有一定影响的商标)进行规制。但本案的特殊性在于,诉争商标申请时腾讯公司尚未推出"微信"服务。腾讯的"微

---

① 北京市高级人民法院行政判决书(2015)高行知终字第 1538 号。

信"服务在诉争商标提交申请后、公告前推出,并迅速拥有大量的用户。考虑到核准注册诉争商标,可能导致腾讯"微信"服务的用户对诉争商标指示的商品服务来源产生混淆,商标评审委员会和一审法院都支持拒绝核准诉争商标的注册。但诉争商标核准注册引起的相关公众混淆,不应属于以维护公序良俗和社会公德的《商标法》第 10 条的规制范围。"微信"标识本身并无违反公序良俗和社会公德的情形,而是因为腾讯公司的"微信"服务知名度较高,使得诉争商标"微信"的注册可能引起相关公众混淆。对此,如二审法院所述,腾讯公司可以更换其通信服务的名称。在我国《商标法》先申请制下,腾讯公司未事先查询和申请注册服务名称的商标,出现本案的纠纷,应自行承担更改名称的成本和损失。

实践中损害公共利益的商标的问题在于,商标注册申请因《商标法》第 10 条第 1 款第 8 项被驳回,但是商标又确实通过商业使用具有识别来源的功能。此时,其他经营者未经许可在相同或类似商品上使用相同或近似商标导致来源混淆的,商标使用人能否依据《反不正当竞争法》第 6 条来禁止此种混淆行为? 例如,"鬼吹灯"标识申请商标注册时,商标主管机关以"'鬼吹灯'带有封建迷信色彩,用于商标易产生不良影响"为由予以驳回。但《鬼吹灯》系列小说著作权人经过一系列宣传推广活动,以及近年来《鬼吹灯》系列小说改编影视剧、漫画、游戏等,"鬼吹灯"标识在文化娱乐服务上具有极高的市场知名度,为相关公众所熟知。在这种情况下,"鬼吹灯"标识能否作为识别商品来源的商品名称享有《反不正当竞争法》保护? 对此,有法院认为商标是否具有不良影响有时与商品类别有关,商标主管机关的驳回决定并不能当然作为否定"鬼吹灯"构成知名商品特有名称的依据①。该案中,虽然"鬼吹灯"字面上有描述迷信的内容,但是其作为小说、影视剧的名称时,是借民俗传说引出盗墓故事的主要内容。而探险猎奇、奇异幻想本来就是人们感兴趣的故事类型,若以封建迷信简单禁止,与实践中消费者对《鬼吹灯》系列文化娱乐作品的较高接受度难以相容。尤其是文学艺术创作领域,人们对瑰丽的想象充满热忱,无论是《聊斋志异》《阴阳师》,还是《三体》《流

---

① 江苏省高级人民法院民事判决书(2018)苏民终 130 号。

浪地球》，都或许是仰望星空的好奇心。然而，通过商业标识的字面含义判断标识是否损害公共利益，可能已经脱离了商标使用的商业语境，容易陷入纯粹的文字词语进行道德喜好评价的窠臼。

同时，在承认商业标识损害公共利益的前提下，若商业标识使用人依据《反不正当竞争法》第6条禁止他人使用，则出现反不正当竞争法对损害公共利益的商业标识予以保护的问题。前述"鬼吹灯"的不正当竞争纠纷即是此种情形。然而，这将破坏商标法保护的商标的法律制度。由于第10条第1款第8项规定的"其他不良影响"属于商标注册的绝对禁止事项，一旦认定某一标志具有"其他不良影响"，即意味着不仅该标志在所有的商品和服务类别上都不得作为商标使用（更不得作为商标注册）。对此，最高人民法院在"特种兵THE SPECIAL ARMS及图"标识得否因商业使用具有一定影响而获得《反不正当竞争法》保护时指出，该商标在申请注册过程中，已有生效裁判文书认定该标志具有容易使相关公众将核定使用商品与军事物资联系起来，可能对我国政治、军事等方面的公共利益和公共秩序产生不良影响，则无须进一步判断该包装、装潢是否具有一定影响；即使其能够产生独立的识别性，也不应受到《反不正当竞争法》的保护①。最高人民法院对"特种兵"案的处理保证了《商标法》和《反不正当竞争法》对同一商标应否得到法律保护秉持同等的法律标准的评价。

然而，最高人民法院以"特种兵THE SPECIAL ARMS及图"不具有合法性而拒绝对被诉不正当竞争行为以法律评价，容易陷入另一种困境。这种评价事实上导致被告仍然可在商业上使用涉案商业标识，并且可能继续引起相关公众混淆，与商标法保护商标识别商品来源的功能和反不正当竞争法保护公平竞争的立法目的相悖。比较妥当的做法应是，判令停止被诉不正当竞争行为，同时拒绝给予原告损害赔偿。当被诉侵权行为误导相关公众引起来源混淆时，法院应禁止该种行为。同时，由于涉案商业标识损害公共利益，不得作为商标使用，因此商标使用人也不具有合法权益获得损害赔偿。

---

① 最高人民法院民事裁定书（2019）最高法民申4847号。

此外,判断商业标识是否损害公共利益还涉及商业言论自由的问题。美国商标法上"贬低""不道德"或"丑闻的"标识不予注册的规定被认定为违反美国《宪法第一修正案》而无效。在 2017 年 Matal v. Tam 案①中,诉争标识为申请注册在乐队演出服务上的"The Slants"。美国专利商标局驳回注册申请,理由是"Slants"属于对亚裔人种的贬义用语。美国联邦最高法院判决,美国商标法禁止注册"贬低他人或死者、机构、信仰、国家标志"标识的规定,违反《宪法第一修正案》的自由言论条款。在 2019 年 Iancu v. Brunetti 案②中,诉争标识为申请注册在衣服上的"FUCT"标识。美国专利商标局驳回注册申请,理由是"FUCT"属于冒犯的、不道德的用语。美国联邦最高法院再次判决,美国商标法禁止注册"不道德或丑闻的"标识的规定系对观点的歧视,违反《宪法第一修正案》的自由言论条款。美国联邦最高法院认为商标作为商业标志,亦是一种私人言论,政府不应对言论的观点本身进行评判。但美国国会仍然可以制定新的条款和细则,禁止注册淫荡的、性露骨的或者亵渎性的标识,因为此种标识不属于言论自由的保护范围。

与美国不同,我国对于商业言论自由的包容度相对较低。一方面来说,商业言论本质上是逐利的,常常通过一些有争议的标识夺人眼球以争取更多的交易机会。而且,放任此种为夺眼球而没有下限的商业标识可能导致市场上充斥低俗标识。但当标识与文学艺术创作有关时,对标识进行道德评判仍然是危险的。诺贝尔文学奖获得者莫言的代表作之一《丰乳肥臀》曾经被批评书名"粗俗""下流",也有人评价书名"无伤大雅"。因此,应区分商业标识的语境分别对待。

综上,商标法对于商标权的取得规定了不得违反公共利益的消极要件。若商业标识违反公共利益的要件,不应作为商标使用,也无法享有《商标法》或《反不正当竞争法》的保护。

5.2.3 损害公共利益的作品仍应自动取得著作权

我国 1990 年和 2001 年修改的《著作权法》规定违法作品不受著作权法

---

① Matal v. Tam,137 S. Ct. 1744 (2017).

② Iancu v. Brunetti,139 S. Ct. 2294 (2019).

保护。当时的《著作权法》第 4 条第 1 款规定,"依法禁止出版、传播的作品不受著作权法保护"。换言之,违法作品不享有著作权。根据违法的性质和程度,违法作品可以分为未获得行政审批的作品、内容侵犯他人权利的作品以及内容违反法律禁止性规定的作品[126]。第一种违法作品的法律背景是我国特定类型作品的制作和发行须履行行政审批手续。例如,电视剧或电影应向行政主管部门进行制作备案,发行时须取得电视剧或电影发行许可证;境外的电视剧或电影要在境内发行的,须申请大陆地区发行许可证。第二种违法作品可以分为内容侵犯他人人身权(例如作品内容诋毁他人,侵犯他人名誉权)和知识产权(例如作品内容未经许可使用他人作品且不构成合理使用)两种情形。第三种违法作品是指作品存在分裂国家、煽动民族仇恨、宣扬邪教、宣扬淫秽等法律禁止的内容。这种违法作品的创作者和传播者可能面临刑事责任。

不同于内容侵犯他人权利的违法作品属于侵犯民事权利,未获得行政审批的违法作品和内容违反法律禁止性规定的违法作品可能损害公共利益。未获得行政审批的违法作品没有经过相关行政部门的审核备案,可能扰乱国内出版发行行政管理秩序。内容违反法律禁止性规定的作品常常属于《刑法》规制的范围,可能危害社会安全和公共秩序。2010 年《著作权法》删除违法作品不受著作权法保护的原因与 WTO 协议项下的义务有关。2007 年美国向 WTO 争端解决机制(DSU)提出,我国 2001 年《著作权法》第 4 条规定意味着未向中国政府申请取得出版许可的外国作品不享有著作权,这违反《伯尔尼公约》第 5 条第 2 款"享有和行使这些权利不需要履行任何手续"和 TRIPS 第 9.1 条"各成员方应遵守 1971《伯尔尼公约》第 1 至第 21 条及其附件的规定"的规定①。DSU 审查后认同前述意见,要求中国对《著作权法》第 4 条进行修改②。我国在 2010 年修改《著作权法》时删除该规定。

依据著作权自动取得原则,作品创作完成,取得著作权。《伯尔尼公约》

---

① China-Measures Affecting the Protection and Enforcement of Intellectual Property Rights-Request for Consultations by the US, WT/DS362/1.

② China-Measures Affecting the Protection and Enforcement of Intellectual Property Rights-Report of the Panel, WT/DS362/R.

▼ 5 公共利益应为知识产权取得和行使的要件

第 5 条第 2 款规定著作权自动取得原则起初在于便利本国作者在外国享有和行使著作权,后逐渐被认为是著作权从国家授予到创作取得的转变[127]322。即使违法作品的著作权人依法不得出版发行传播其作品,或者违法从事前述活动后会受到相关行政部门的查处,著作权人仍有权禁止他人侵犯其著作权的行为。这种制度安排有两方面的优势:一是将著作权法保护客体的要件独立于发行出版行政管理规定,尤其是两者的立法目的有所不同,前者在于鼓励作品创作和传播,后者在于管理出版发行活动,发展和繁荣中国特色社会主义的文化产业和文化事业。随着社会的变迁,原先可能被认为是色情淫秽的内容,可能时过境迁被认可为一部优秀的作品。我国四大名著之一《红楼梦》在清朝时期曾被列为禁书,现在被认为是"中国古代封建社会的百科全书"。二是允许违法作品的著作权人阻止他人侵犯其著作权的行为。若违法作品不享有著作权,作者无权禁止他人未经许可传播使用违法作品,只能等候行政机关出面制止。从社会成本上来说,允许违法作品的作者取得著作权,有权阻止他人侵犯著作权的行为,有利无害。

5.3 公共利益应为知识产权限制的积极要件

5.3.1 为公共利益设置著作权的合理使用

我国《著作权法》上的著作权的限制分为合理使用和法定许可。两者的相同之处在于,都不需要获得著作权人许可,都需要指明作者姓名或者名称、作品名称,区别在于前者不需要支付使用费,后者仍然需要支付使用费。《著作权法》第 24 条规定了 12 种合理使用的具体情形和 1 条兜底条款("法律、行政法规规定的其他情形")。12 种具体情形包括:(1)为个人学习、研究或欣赏,使用他人已发表的作品;(2)为介绍、评论或说明,适当引用他人已发表作品;(3)为报道新闻,不可避免地再现或引用已发表作品;(4)刊登或播放时事性文章;(5)刊登或播放在公众集会上发表的讲话;(6)为学校课堂教学或科学研究少量使用已发表作品;(7)为执行公务使用已发表作品;(8)为陈列或保存版本,复制本馆收藏的作品;(9)免费表演已发表作品;

(10)复制室外公共场所的艺术作品;(11)汉语言文字作品翻译成少数民族语言;(12)已发表作品改成盲文[128]687-727。法定许可的情形为实施义务教育和国家教育规划编写出版教科书,在教科书中汇编已经发表的作品片段或者短小的文字作品、音乐作品或者单幅的美术作品、摄影作品、图形作品。

合理使用和法定许可体现了公共利益考量,包括学习研究目的、介绍评论或者说明作品、新闻报道、教学科研、编写教科书等使用著作权保护的作品的行为。有学者提出,我国著作权法应设置可诉性的"公众使用权"(作品使用者),将著作权法上与公众使用相关的合理使用情形纳入权利范围[129]。根据该学者的观点,"公众使用权"的可诉性的对象为著作权人故意虚假陈述著作权信息,限制公众的合理使用的权利时,可以向法院起诉著作权人要求损害赔偿[129]。这一观点将公众作为著作权法上独立主体,但是可能实际意义不大,因为公众在前述情形下无须经过著作权人许可使用作品,无须就此单独设立"公众使用权"。

著作权法为教育目的、科学研究、新闻报道等与公共利益息息相关的使用作品的行为设置了著作权的限制,因为前述使用行为相较于保护著作权更能促进公共利益。美国《版权法》第107节规定,用于批评、评论、新闻报道、教学(包括供课堂使用的多个复制件)、学术研究等目的,并不侵犯版权。在确定对作品的使用是否为合理使用时,应考虑的因素包括:(1)使用目的和性质;(2)受版权保护作品的性质;(3)与受版权保护的作品相关部分的数额和实质;(4)使用对受版权保护作品的潜在市场或价值的影响。考虑到合理使用与法定许可的类似的公共利益目的,此处主要讨论著作权的合理使用。

著作权激励作品创作的同时,不应不合理妨碍思想交流与知识传播。在版权法出现前,政府通过对出版印刷的控制来实现思想的控制。而如今,民众的科学文化知识则更多地受限于著作权的排他使用。有学者指出,知识产权的限制和例外常常无法满足发展中国家对于知识产品的普遍缺乏的需求,例如对于教育资料的大量的需求[130]。对于著作权合理使用的情形而言,为个人学习、研究或者欣赏,使用他人已经发表的作品,仅限于个人非商业性使用。学习研究属于使用他人作品增长知识的行为，允许此种个人使用具有明显的公共利益属性。但欣赏通常属于休闲消遣行为，例如观赏影片。对于著作权人而言，要限制私人使用作品的行为可能难以做到或者成本过高。随着数字技术的快速发展，对于数字化作品的个人使用的限制，在技术上可能不再成为难题。而且，"欣赏"是消费行为，数字时代复制技术发达，可实现无信息损耗的完全复制。如果个人复制行为不受著作权人控制，以"欣赏"为名的复制传播行为可能严重损害著作权人利益[128]688。

为介绍、评论或说明，适当引用他人已发表作品，则是鼓励对他人的作品进行介绍、评论甚至批评他人作品，进行思想交流。美国《版权法》第107条规定合理使用的条款将批评作为正当使用目的的第一位。但实践中可能出现使用他人的作品，并非介绍、评论或者批评他人作品，而是作为自己的内容进行使用。在"朱德庸诉辽宁东北网络台侵犯著作权纠纷案"①中，奥运前夕，原告以"迎奥运"为主题创作了系列漫画作品，随后发现被告在主办的新闻网上未经许可使用该漫画作品。被告认为，为报道奥运期间文化宣传工作，不可避免地引用了原告已经发表的漫画作品，对该漫画作品进行正面的介绍和评论，是著作权合理使用行为，没有影响原告作品的正常使用。法院认为，被告使用原告的漫画作品，虽然在客观上起到了宣传奥运的效果，但主观上并不排除对自己网站的宣传，该行为不符合合理使用的范围。前案中，被告使用原告创作的系列漫画作品，并非对该漫画作品进行评论，而是使用该作品用来吸引眼球和增加浏览量，不应认定为合理使用。

引用他人作品用于新闻报道，有利于公众了解时事新闻，促进信息自由流动的公共利益。著作权法有三种合理使用的情形与新闻报道相关：一是为报道新闻，不可避免地再现或引用已发表作品，二是刊登或播放时事性文章，三是刊登或播放在公众集会上发表的讲话。该规定之目的在于允许新闻报道者在用文字、广播、摄影等手段报道时事新闻时，对所报道事件过程中看到或听到的作品在为报道目的正当需要范围内予以复制。在1985年

---

① 辽宁省沈阳市中级人民法院民事判决书(2009)民四初字第97号。

Harper & Row, Publications. v. Nation Entertainments 案①中,《国家杂志》的编辑根据匿名向其提供的原告未发表的手稿,将涉及前总统尼克松的"水门事件"单独刊登一篇短文。此前,《时代》杂志已同意从原告处购买该手稿的版权,但由于《国家杂志》的短文取消了版权协议,原告因此起诉《国家杂志》版权侵权。被告诉称,公众对于尽快了解"水门事件"的新闻利益超过了作者控制其首次出版的权利。对此,美国联邦最高法院认为,在鼓励新闻传播时,立法者希望版权本身成为言论自由的引擎:通过确立可销售使用其表达的权利,版权提供了创造和传播思想的经济动力。该案中,《国家杂志》对他人未发表的手稿抄袭300余字,将其中公众最为关心的内容——尼克松"水门事件"——率先出版,实质上替代了原手稿的市场,不构成合理使用。

著作权合理使用不应实质性替代原作品,减少大众对原作品的市场需求,损害作品的正常使用,威胁著作权人的合法利益。例如在"毕淑敏与淮北市实验高级中学侵犯著作权纠纷上诉案"②中,实验中学主张从学校的公益和非盈利性质,合理使用《红处方》用于教学目的,没有侵犯毕淑敏著作权。法院审理认定,实验中学通过网站向不确定的网络用户提供涉案作品的浏览、下载服务,超出为学校课堂教学少量使用已发表作品的合理使用情形。为学校课堂教学少量使用已发表作品的合理使用,应限定于教师与学生在教室、实验室等处所进行现场教学的课堂教学,并且是为上述目的少量复制。本案中,实验中学将涉案作品登载在网络上,不构成用于课堂教学的合理使用行为。但课堂教学的要求在数字时代下可能有些狭窄,尤其是疫情暴发后一段时间,大部分学校关闭校园进行在线教学。因此,课堂教学的合理使用情形应包括线上教学的情形。

合理使用也可能影响到传播者的利益而受到阻碍。例如文本挖掘行为可能侵犯文字作品的复制权、改编权、署名权等著作权,但不构成我国著作权法上的科学研究的合理使用情形。若要获得著作权许可,英国最大的医学基金威尔康基金会曾以文本挖掘"疟疾"为例,发现英国自2000年至2011

---

① Harper & Row, Publrs. v. Nation Enters. ,471 U. S. 539,555 (1985).

② 安徽省高级人民法院民事判决书(2009)皖民三终字第0014号。

年间发表了 15757 篇文献,其中 7759 篇需获得著作权授权,为获得前述授权,需花费 9 个月左右时间和 18630 磅(约合人民币 16.4 万元)[131]。对于大部分小微企业而言,如此高昂的著作权交易成本可能足以让其望而却步。但文本挖掘行为不影响作品的阅读欣赏或者出版发行,文本挖掘形成的作品,通常无法看出其作为数据来源的文字作品的身影,因此不会对原作品形成市场替代而严重损害著作权人的合法利益,反而有利于促进经济增长和社会发展。美国联邦第二巡回上诉法院曾判决谷歌图书馆项目为文本检索目的的全文复制构成合理使用①。其中,谷歌图书馆项目和谷歌图书项目虽然未经版权人许可全文复制上千万册图书,向公众提供全文关键词检索。法院认为,此种文本检索功能提供了新的研究手段,属于转化性合理使用。

但掌握海量文字作品的数据库,可能无法容忍文本挖掘行为,且对于文本挖掘复制和存储的海量文字作品可能泄露后在市场上流通,严重损害其作为数据库的合法利益。例如,中国知网明确限制每台电脑每天限制下载300 篇文献。诚然,数据库对作品的文本挖掘具有法律利益。欧盟就文本挖掘的著作权问题组织著作权人、出版商和使用者之间进行对话,并以出版商承诺为非商业科学研究提供必要的著作权授权结束②。欧盟对于非科学研究目的的文本挖掘的著作权限制可以通过合同另行约定[132]。数据库对作品的控制,容易过度限制作品的传播与使用,可能阻碍新兴技术对作品的利用,最后损害社会公共利益。

综上,著作权法为特定有利于促进公共利益的行为设置合理使用和法定许可,允许使用者可以不经过著作权人许可直接使用作品。合理使用和法定许可有利于减轻使用者的交易成本,便于使用者从作品中获益。但前述使用行为不应妨碍著作权激励创作的公共利益,主要表现为不得实质性替代作品使用的市场。

----

① Authors Guild v. Google, Inc., 804 F. 3d 202, 209 (2d Cir. 2015).

② A Statement of Commitment by STM publishers to a roadmap to enable text and data mining (TDM) for noncommercial scientific research in the European Union, https://ec. europa. eu/digital-single-market/en/news/licences-europe-stakeholder-dialogue (last visited August 30, 2021).

5.3.2　实施发明或实用新型专利强制许可

由于知识产权权利人有权在法律保护期限内禁止他人未经许可实施或者使用知识产权客体,可能出现对公众基本权益保护的知识产品的供给不足问题。当无法仰赖于权利人自行扩大供给应对公众需要时,政府为公共利益有必要通过行政决定,允许他人不经权利人许可实施或者使用知识产权客体,保障知识产品的供给。如今面对新冠肺炎疫苗研发,有人呼吁通过专利强制许可制度,在短期之内解决药品专利问题和药品产能问题。强制许可意味着限制知识产权权利人对知识产权客体的垄断权利,此种限制的目的应出于公共利益目的。

强制许可是国际知识产权保护中争议最大的问题之一。在国际条约中,强制许可制度较早出现在 1883 年《巴黎公约》的文本中,用于防止可滥用专利的行为。并且,《巴黎公约》对强制许可的情形限于专利发明未实施或未充分实施,且只有在专利授权 3 年后或专利申请日起 4 年后,经请求才能授予;如果专利权人能够提出其不实施的正当理由,则必须拒绝授予此项许可。《TRIPS 协定》第 31 条对专利强制许可进行规定,确立了一事一议、合理商业协商仍不得、限于紧急状态、非专有许可、支付合理费用等情况。我国知识产权法规定,为了公共利益的目的,国务院可以给予实施发明专利或者实用新型专利、集成电路布图设计、植物新品种的强制许可。我国《科学技术进步法》第 20 条还规定强制许可国有企事业单位的发明专利、利用财政性资金设立的科学技术基金项目或者科学技术计划项目所形成的发明专利权、计算机软件著作权、集成电路布图设计专有权和植物新品种权。

在强制许可知识产权时,知识产权权利人对其知识产权客体的市场化不再享有完全的契约自由,如规定许可费用的高低和设置相关的许可条件等。因此,强制许可大大限制了知识产权权利人就其知识产品进行市场交易的自由。为此,知识产权法对于强制许可的设定常常考虑公共利益的内容和限制导致的法律后果。我国《专利法》第六章专门规定专利实施的强制许可,包括六种情形:一是在国家出现紧急状态或者非常情况时;二是为了公共利益的目的;三是为了公共健康目的,对取得专利权的药品,制造并将其出口到国际条约规定的国家;四是专利权人无正当理由未实施或者未充分实施其专利;五是专利权人行使专利权的行为被依法认定为垄断行为;六是具有显著经济意义的重大技术进步的在后专利与基础专利的交叉许可。另外,对于半导体技术相关的强制许可,限于公共利益目的以及专利权人行使专利权的行为被依法认定为垄断行为的情形。第三种情形与《多哈宣言》发展中国家可以为本国公共健康问题对知识产权实施强制许可的意见相一致。

虽然我国专利法设立了专利强制许可制度,但是尚未有专利强制许可的案例。国家知识产权局通过《专利实施强制许可办法》规范实施发明专利或者实用新型专利的强制许可制度,我国也曾有企业申请强制许可,但是我国尚未有专利强制许可的成功案例。2009年"甲流"肆虐期间,广州白云山制药总厂向国家药监局申请强制许可罗氏专利保护期内的"甲流"特效药达菲。2005年,广州白云山制药总厂研发了达菲仿制药"福泰",但碍于达菲属罗氏制药的专利药,"福泰"研制成功后一直处于雪藏的状态,无法大批量生产。根据《南方日报》统计,广东的达菲储备缺口至少为180万人份。白云山向上海罗氏提出授权生产的申请却被拒绝,国内最终获得罗氏授权的企业为上药集团和广东东阳光集团。

为公共利益给予实施专利的强制许可,在我国并未有先例,但是有些国家则有这方面的经验。在中国外,世界上各国对于专利强制许可的理由主要有:拒绝许可、防止滥用和反垄断、国家紧急情况、公共利益、政府使用、进出口强制许可和怠慢行使专利权[133]。公共利益作为强制许可的理由为许多国家法律所规定。例如,2003年巴西政府为公共利益的需求,对雅培公司的洛匹那韦和利托那韦,默克公司的依法韦仑以及吉利德科学公司的奈非那韦实施专利强制许可。专利强制许可并不是发展中国家的专有实践,德国联邦最高法院在2017年的一项决定中,维持了一种用于治疗艾滋病的抗反转录病毒药品的临时专利强制许可。新冠疫情暴发后,以色列政府已经颁发强制许可用于进口治疗新冠肺炎的克力芝。

与前述为公共利益强制许可医药专利的经验相一致,对于强制许可,大部分的目光聚焦在药品专利专有权与公众对药品的可及性的问题上,尤其是在艾滋病传染、2003 年高致死率 H5N1 禽流感蔓延、"抗癌药代购第一人"陆勇事件、新冠肺炎疫情等公共健康危机时。因为在这些特殊情境下,专利权人对其享有的药品专利的排他实施的权利,容易与公众健康等公共利益产生强烈的冲突。即使专利权人允诺保证药品供给,民众可能仍然担心能否获得药品、能否承受得起药品的价格,而政府可能仍然准备采取强制许可制度或者通过强制许可施压谈判[134]。而且,从各国承认和使用专利强制许可来看,强制许可确实有利于缓解对特定专利产品的供给不足问题。2012年,印度专利局给易瑞沙制药公司颁发了印度第一个强制许可,允许易瑞沙生产拜耳集团的抗癌药多吉美仿制药品。强制许可的决定认为,拜耳于2006 年推出了多吉美,并于 2007 年 8 月 1 日获得了在印度进口和销售该药物的许可证,但是在 2008 年没有进口这种药物,2009 年和 2010 年少量进口,因此认定专利权人(拜耳)没有采取充分或合理的步骤,以商业规模和适当程度开始在印度境内进行发明的工作[135]。在这起强制许可案中,原本只有 2% 的印度癌症患者能轻松获得该药品,并且一个月的治疗费需要 28 万卢比。颁布强制许可后,一个月的治疗费用为 8880 卢比,患者得以较低的价格获得药物。

但作为公权力介入私权的手段,强制许可应谨慎使用,否则可能削弱药企研发新药的创新动力,甚至导致患者无药可用。我国曾有企业申请强制许可,但尚未有专利强制许可的成功案例。在广州白云山制药总厂向罗氏的专利药达菲申请强制许可的案例中,有学者指出,批准白云山的药品专利强制许可申请弊大于利,理由有三:首先,药品专利强制许可必然会损害专利权人的利益,必须考虑来自发达国家制药公司的压力;其次,药品专利强制许可制度的存在本身就是对专利权人的一种威慑手段,可作为谈判中的压价筹码,迫使跨国医药公司接受一个较为低廉的售价;最后,尽管批准白云山版"达菲"的强制许可,可以增加药物供给,帮助有效控制甲流的传播,但目前我国甲流病死率仅为 0.065%,尚不足以冒着带来不利国际影响的风险实施强制许可[136]。

应指出,我国 2015 年起推行的医药价格市场化改革正努力提高医药专利的可及性。医药价格市场化改革取消绝大部分药品的政府定价机制,由市场竞争形成药品实际交易价格,对专利药品采取价格谈判机制。国家医保局通过"以量换价"的方式,与医药企业进行谈判,降低药品价格,提高药品的可及性。这一方式也成为中国在 WTO 框架下讨论关于研发成本以及药物和卫生技术的定价、医药价格的知识产权保护与公共利益时的"中国方案"。在该方案中,制药公司通过增加销量和利润来降低药品价格;政府可以有效地确保药品的供应,维护公共健康。强制许可作为最后手段,在穷尽市场交易、政府谈判等手段后,再行考虑。

除了公共健康的公共利益目的外,强制许可专利的实践比较罕见。指导案例 86 号中法院以维护粮食安全的公共利益为由,判决当事人相互授权许可并相互免除相应的许可费,事实上在个案中实施了双方植物新品种权的强制许可。我国 2019 年国务院发布的《中国的粮食安全》白皮书开头指出:"民为国基,谷为民命。粮食事关国运民生,粮食安全是国家安全的重要基础。"虽然该案例中系法院而不是相关行政机关做出许可的决定,但是这一案例作为指导案例,本身对于以后案例事实相似的案件具有参考价值。

与公共健康和粮食安全相似,本研究在 3.5.2 的联合国 2030 年可持续发展目标也应作为公共利益的阐述。实现前述目标,有利于实现所有人更美好和更可持续未来的蓝图,亦符合平等主义公共利益的构想。例如,《联合国气候变化框架公约》的长期合作行动特别工作组的报告中曾提到,发展中国家希望将环境保护相关的专利技术允许强制许可等提议[137]。而国际上甚少对公共健康外的公共利益达成一致意见。但若智力成果的实施关涉到重要的公共利益,我国知识产权法应为公共利益目的实施强制许可。

在一般性的专利强制许可之外,我国还规定了两种使用国有资产取得的知识产权的强制许可。第一种是与知识产权权利人的法律性质相关的,即权利人为国有企业事业单位。第二种是知识产权的研发基础是财政性资金设立的科学技术基金项目或者科学技术计划项目。前述推广应用的前提是为了促进公共利益,法律效果则是对知识产权权利人的权利进行限制。这一规定有明显的计划经济色彩。由于知识产权权利人为国有企事业单位,此类知识产权系政府投入产生,属于国有资产。政府对于知识产权的使用具有决定权。国有企业作为国家所有和控制的全民所有制企业,是推进我国现代化建设、保障民众共同利益的重要力量。虽然该规定在最近一次《专利法》修改中争议较大，有的地方建议，将这一条适用的对象修改为"以国家财政资助为主的科研项目所完成的发明创造"，还有地方、单位建议删去这一规定，但最新修改的《专利法》仍然保留这一规定。

综上，在实施专利强制许可时，应以促进公共利益为目的，且应明确公共利益的内容。由于强制许可限制知识产权权利人自主行使知识产权的权利，我国对于实施强制许可非常谨慎，尚未有实施先例。

5.3.3 为公共利益设置商标权的正当使用

我国《商标法》规定了三种商标正当使用的情形：描述性正当使用、功能性正当使用和在先使用有一定影响的商标。我国司法实践中还承认指示性正当使用；美国商标法上还有表达性合理使用（又称商标戏仿）。

商标正当使用抗辩在于禁止注册商标专用权人垄断在市场上商标的各种使用行为，尤其是他人的使用并非误导消费者产生来源混淆。若没有商标正当使用抗辩制度，他人必须事前了解所有注册商标，并在商业中避免使用他人注册商标的全部或部分，这将带来高昂的交易成本，不利于市场竞争。商标正当使用应包括指示注册商标权利人的使用、商标的一般文字含义的描述性使用。《商标法》第59条第1款的规定是指第二种使用。例如，在"大宇资讯股份有限公司诉上海盛大网络发展有限公司侵犯注册商标专用权纠纷案"[1]中，原告大宇公司从1989年起自主开发研制并销售"大富翁"系列电子游戏软件，2005年在第41类"提供在线游戏"服务上注册了"大富翁"文字商标，后发现被告盛大公司通过计算机网络推出网络在线游戏"盛大富翁"，起诉侵犯其注册商标专用权。法院认为，由于"大富翁"作为一种在计算机上"按骰子点数走棋的模拟现实经商之道的游戏"已经广为人知，"大富翁"已成为这种商业冒险类游戏约定俗成的名称，如果他人正当使用"大富翁"文字用以概括或说明游戏的对战目的、规则、特点和内容时，则不应被认定为是商标侵权行为。由此，"大富翁"已经成为公众指称此类游戏

---

① 上海市第一中级人民法院民事判决书(2007)沪一中民五(知)终字第23号。

的名称是,"大富翁"实则成了无法识别商品来源的通用名称,他人可正当使用。

美国商标法上的表达性正当使用可能因为维护言论自由的公共利益而被允许。有学者将此种使用纳入指示性使用中[138],但与单纯指示商标权人不同,此种使用通常为评论商标表达观点的行为,应单独进行讨论。表达性正当使用,在美国有数起与芭比娃娃商标相关的案例,主要涉及言论自由的公共利益。美泰公司将 Barbie(芭比娃娃)从一个"德国街头步行者"的娃娃变成了迷人的长腿金发女郎,并且贴上了"理想美国女人"的标签,将芭比娃娃打造成一个文化偶像。在 2002 年和 2003 年,美国联邦第九巡回上诉法院判决驳回两起美泰公司作为原告起诉他人侵犯 Barbie 商标的案件。

在第一个案件中,丹麦乐队 Aqua 在 1997 年发行的专辑 *Aquarium* 中创作了歌曲 *Barbie Girl*。在歌曲中,一个乐队成员模仿芭比娃娃,用高音调的娃娃式声音唱歌;另一个乐队成员,自称为肯,引诱芭比娃娃"去聚会"。这首歌曲销量出色,进入了音乐排行榜前 40 名①。在第二个案件中,一位摄影师 Forsythe 在 1997 年拍摄了 78 张照片,题为"食物链芭比娃娃",其中描绘了芭比娃娃在各种荒谬和性别化的立场,并将一个或多个裸体芭比娃娃与老式厨房用具并列②。Forsythe 将他的摄影系列背后的信息描述为试图批判与芭比娃娃相关的女性的客观化,并抨击传统美貌神话和社会将女性作为对象的现象,选择在照片中模仿芭比娃娃,是因为芭比娃娃体现了当代人痴迷美丽和完美的消费文化和不安全感。

在这两个案件中,法院都驳回了原告侵犯商标权的诉讼请求,认为言论自由和艺术表达自由的公共利益远远超过消费者可能因此产生的混淆;当一个商标具有文化意义时,《宪法第一修正案》将发挥作用,只要公众将其商标赋予超出其来源识别功能的含义,商标权人就没有权利控制公共话语③。商标权人有时为了树立品牌形象,将商标与品味、优雅、奢华等话语联系起

① Mattel,Inc. v. MCA Records,296 F. 3d 894 (9th Cir. 2002)。

② Mattel Inc. v. Walking Mt. Prods. ,353 F. 3d 792 (9th Cir. 2003)。

③ Mattel,Inc. v. MCA Records,296 F. 3d 894 (9th Cir. 2002);Mattel Inc. v. Walking Mt. Prods. ,353 F. 3d 792 (9th Cir. 2003)

来。同时,也有人批判这是消费主义陷阱,此时对商标的使用常常属于表达性正当使用。

商标正当使用行为若可能引起消费者对商品来源混淆,使用人是否应承担证明不存在来源混淆的责任,或者须附加区别标识? 从商标作为市场竞争中的信号机制而言,商标权人在选取一个商标作为识别其商品或者服务来源的标识时,应选择显著性强(臆造性或者任意性)的商标,向消费者传递单一的来源信号。若商标权人自行选取描述性的商标,从客观方面来看,其不仅想传递来源信号,还想传递商品本身的特征信息。对于后者,商标法不应禁止,而应允许任何经营者可以自由使用以描述其商品。因此,商标权人对其注册商标中含有的描述商品的信息,例如通用名称、图形、型号,或者直接表示商品的质量、主要原料、功能、用途、重量、数量及其他特点,或者含有的地名,无权禁止他人使用。若引起消费者混淆,除非使用人具有主观恶意,不应承担法律责任。但在指示性正当使用中,使用人应证明相关公众不易混淆。

综上,商标法上允许一系列的正当使用行为,避免商标权人垄断商业标识的正当使用行为。在自由竞争的市场环境中,经营者可以描述自己的商品或服务,即使描述时使用到他人商标中的要素。另外,有时商标作为一种文化标识,也可能成为人们表达观点的对象,应允许此种文化评论或者批评。

5.4 公共利益应为侵权不停止的积极要件

我国对于强制许可知识产权非常慎重,因为强制许可决定意味着公权力对知识产权的直接介入和限制,对于知识产权权利人判断知识产权法律保护强度的预期产生重要影响。相对于强制许可作为最后的"杀手锏",法院在个案裁判知识产权侵权救济时是否适用停止侵害救济就相对灵活许多。最高人民法院在《关于当前经济形势下知识产权审判服务大局若干问题的意见》(法发〔2009〕23 号)中提出,如果停止知识产权侵权行为"有悖社会公共利益,或者实际上无法执行,可以根据案件具体情况进行利益衡量,不判决停止行为,而采取更充分的赔偿或者经济补偿等替代性措施了断纠纷"。停止侵害救济在我国诉讼法上又称为行为保全,分为诉前行为保全、诉中行为保全和诉后行为保全。这在英美法上称为禁令,分为诉前禁令和永久禁令。本节主要讨论法院认定侵权行为成立后的停止侵害责任,对应我国诉讼法上的诉后行为保全和英美法上的永久禁令。

有学者认为,知识产权作为激励创新机制以实现社会公共利益的最终目标而言,只要知识产权权利人能够从中收回成本并获得相当的利润,政府即可以自由采取措施以实现其他社会公共利益[139]1-2。我国知识产权法司法实践中专利权、著作权、商标权、植物新品种等纠纷中都存在侵权不停止的判决。据统计,判决侵权不停止的理由主要包括公共利益、履行不能、受保护知识产权的权利瑕疵等,其中公共利益理由超过80%。对于公共利益的阐释方面,主要可以归纳为公共健康与安全、社会秩序、公共事业三类[140]。在大部分案件中,法院主动适用公共利益理由判令不停止侵权,即使最高人民法院曾在再审案件中认为,被告侵权行为人应举证证明停止使用被控侵权产品损害公共利益①。因此,知识产权停止侵权责任一方面有利于保障知识产权权利人对其智力成果的控制和收益,另一方面可能因损害公共利益等理由而不予支持。

根据学者对财产权规则(property rules)、责任规则(liability rules)和不可让与规则(inalienability rules)的区分:财产权规则是由权利人初始地决定权利客体的价格的权利配置方式,政府不干预权利客体的定价;责任规则在于他人侵犯权利后愿意支付客观价格的权利配置方式,而客观价格的确定由法律决定;不可让与规则是由权利人享有的、不得转让的权利[141]。适用财产权规则的典型是物权,所有权人有权决定物的交易的价格,政府不应干预物的交易价格(至少不直接干预),被侵权后应获得停止侵权救济。适用责任规则的典型是侵权行为,例如交通事故后,责任人按照《侵权责任法》的损害赔偿计算方式进行赔偿,被侵权后应适用损害赔偿救济。适用不可让与规则的典型是人格权,权利人与生俱来享有人格权,且不得转让给他人,

---

① 最高人民法院民事判决书(2014)民提字第91号。

被侵权后应获得停止侵权救济。

　　知识产权遵循财产权规则还是责任规则,存在争议。有学者认为,在认定知识产权侵权后,从法院常常判令停止侵权救济的实践做法来看,知识产权遵循财产权规则;从法院有时不判令停止侵权而是持续使用费的实践做法来看,知识产权遵循责任规则[142]。相对于财产权规则,更多人支持知识产权遵循责任规则[143]。在司法实践中,虽然法院通常对知识产权侵权行为判令停止侵权,但是法院也可能在认定侵权行为成立后仍然不判令停止侵权行为。也有观点从知识产权作为绝对权的财产权方面认为,知识产权作为准物权,知识产权权利人应享有停止侵害请求权的权能[144]。根据请求权理论,当知识产权受到侵害或有侵害之虞时,权利人可以当然地要求侵权人停止侵害,无须考虑侵权人的主观要件。正是因为停止侵害请求权的存在,才使得知识产权具有了排他性。从知识产权权利人自行决定知识产权客体的使用和市场交易来说,知识产权应遵循财产权规则。因此,当知识产权被侵犯时,除非有公共利益的理由,应判决停止侵权。

　　对于知识产权权利人而言,停止侵害具有不可替代的重要意义。首先,停止侵权、禁止侵权产品进入市场流通渠道保障了知识产权对其知识产品进行市场交易的谈判地位。《TRIPS 协定》第 44 条规定,司法机关有权责令一当事方停止侵权,特别是有权在入关后立即阻止涉及知识产权侵权行为的进口货物进入其管辖范围内的商业渠道。其次,知识产权赔偿损失数额计算困难,法律上或实践中对于知识产权价值评估没有公认的有效方法,而停止侵权责任的适用可以将侵权人"逼回"谈判桌,与权利人协商交易条件。而知识产权侵权行为则是未经知识产权权利人许可,亦未给予合理的经济补偿,径直实施或使用智力成果。类似于美国专利损害赔偿中的假想协商法,通过假想有意愿的专利权人和有意愿的侵权行为人经过协商后得出的合理许可费作为赔偿标准[145]40。停止侵权责任则是将侵权行为的状态予以制止,侵权行为人面临两种选择:一是就此打住侵权行为,已经投入的成本不再回收,未来亦不再犯;二是嗣后取得知识产权权利人的许可,将已经投入的成本进行一定程度的回收,甚至将未来的交易合法化。因此,停止侵害具有鼓励智力成果创造和市场交易的作用。考虑到侵犯不同类型知识产权的侵权后果存在区别,本节分别对著作权侵权、专利侵权和商标侵权进行讨论。

5.4.1 为公共利益不停止著作权侵权行为

侵权行为人未经著作权人许可在侵权产品中使用作品的行为,法院通常判决停止侵害责任。例如,琼瑶起诉于正侵权案中,法院认定于正作为编剧和导演的热播剧《宫锁连城》侵犯《梅花烙》的改编权和摄制权,判令停止侵权(停播《宫锁连城》)[1]。著作权法中不判令停止侵权的公共利益理由,通常是侵权行为形成新的作品、侵权作品的知名度较高,或已经用于实际生产生活中,停止侵权将损害公共利益,从而主张通过以支付合理费用替代停止侵权的方式进行处理。

若侵权作品未经授权使用他人享有著作权的作品占比比较小,侵权行为已经形成新的作品,法院可能不判令停止侵权,使得新作品得以继续使用和流通。在"中国音乐著作权协会诉北京图书大厦有限责任公司等侵犯著作权纠纷案"[2]中,法院认定,被告摄制的电视剧《激情燃烧的岁月》,未经著作权人许可,在该剧中以演唱的方式使用《北风吹》歌词等作品,其行为构成侵犯著作权。但法院认为,考虑到未经许可使用的音乐作品在电视剧中仅占较小部分,且已经与导演、演员等其他民事主体的智力创作成果不可分割,并形成了新的作品,该剧的出版发行,满足了"社会公众欣赏该剧的精神需求,体现了社会公共利益",如果判令停止销售 VCD 光盘,则不仅损害了其他民事主体的利益,而且损害了社会公共利益,因此,不再判令停止销售 VCD 光盘。在前述案件中,侵权行为形成了具有较高知名度的作品,法院以社会公众对侵权作品的欣赏需求为公共利益,不判令停止侵权。但这种判决可能严重损害在先作品的著作权人的合法权益,因为所有侵权作品都可能以公众对侵权作品的欣赏需求而获得禁令豁免。而著作权的禁令范围仅限于不产生新作品的侵权行为,例如盗版行为。

---

[1] 北京市高级人民法院民事判决书(2015)高民(知)终字第 1039 号。
[2] 北京市第一中级人民法院民事判决书(2003)一中民初字第 2336 号。

同时,有法院出于担心停止侵权判决将使得新作品无法继续传播,而判令不停止侵权。在《大头儿子和小头爸爸》著作权侵权案中,被告未经许可使用"大头儿子""小头爸爸""围裙妈妈"人物形象改编成新的人物形象,并用于《新大头儿子和小头爸爸》动画片中,侵犯人物形象的著作权。但法院考虑到,如果判决被告停止播放被诉动画片,"将会使一部优秀的作品成为历史,造成社会资源的巨大浪费",以及动画片的制作已经融合其他人员的创作,最后以提高赔偿额的方式作为央视动画公司停止侵权行为的责任替代方式,判决被告赔偿原告大头儿子公司经济损失。前述判决的主要理由在于,如果判令停止销售或者传播影视剧,将会使一部优秀的作品成为历史,造成社会资源的巨大浪费。这一理由与《激情燃烧的岁月》电视剧著作权纠纷的判决理由"社会公众欣赏该剧的精神需求的社会公共利益"有异曲同工之处。但这种理由似乎可以适用到任何一起过失侵犯他人著作权并形成新的作品的纠纷中。若以此判决著作权侵权不停止,将使得著作权作为排他性权利,却无法禁止他人的侵权行为和侵权作品。

美国《版权法》实践中也有类似的纠纷,法院可能以维护言论自由的公共利益为由不判令停止侵权。在 1990 年 New Era Publications International v. Henry Holt & Co. 案[1]中,被告出版《厚颜无耻的弥赛亚:罗恩·哈伯德的真实故事》一书,其内容是批判基督教科学组织派及其创始人罗恩·哈伯德。原告向法院起诉侵犯版权,并请求颁发永久禁令,禁止该书的复制和发行。但地区法院拒绝颁发禁令,认为被诉书籍未经版权人许可复制哈伯德部分未发表信件和日记,构成版权侵权,但是公众的言论自由利益压倒性地超过了原告对禁令的利益,并强调"永久禁令将实际上扼杀这本内容丰富的书籍"。联邦第二巡回上诉法院则认为《版权法》中的合理使用制度已经考虑了《版权法》领域的言论自由问题,而本案中,被告侵权行为未构成合理使用,法院不应在救济时再考虑言论自由。尽管如此,有学者支持地区法院的判决,赞扬其提出了版权纠纷中维护言论自由的新做法,批评上诉法院严重

---

① New Era Publs. Int'l,ApS v. Henry Holt & Co. ,695 F. Supp. 1493,1526 - 28 (S. D. N. Y. 1988).

打击了公众接收信息的利益[146]。由于该案中涉及宗教信仰相关的观点争论，若判令停止侵权，确实可能使得宗教教派通过著作权保护途径打击反对言论。

在判决时间接近的另一起版权永久禁令相关的 Stewart v. Abend 案①中，美国联邦最高法院提出，版权人寻求永久禁令在于要求分享收益，而非在于打击言论。被告未经小说版权人许可将小说改编为电影《后窗》，联邦第九巡回上诉法院认定版权侵权后拒绝颁发禁令，认为禁令将对电影制作者造成极大的不公，并且剥夺公众在未来许多年里观看经典电影的机会。然而，美国联邦最高法院认为，作品的传播并不是《版权法》的唯一目标；《版权法》赋予作品在版权保护期间控制作品的权利，以满足公众获取富有创造力的作品的需要。法院认为，版权人有权拒绝其受版权保护的作品的交易，并自行决定作品的市场营销，这种特权旨在赋予版权人必要的议价能力，以便在作品进入公有领域前获得足够的公正的报酬。但前述判决可能隐含适用前提，即版权人对被诉侵权行为没有观点不合的争议，而是版权许可费用的争议。当然，这也可能是大多数著作权侵权纠纷的主要争议。

在前述两个案例中，尽管法院考虑到侵权作品仅使用一部分原作品、侵权作品的创作性劳动投入、公众可能将在未来许多年里无法获得侵权作品等因素，但是仍然颁发永久禁令，最重要的原因是维护《版权法》的创作激励机制，保护版权人自行决定作品的授权和市场运作的权利。任何一部侵权作品都可能涉及公众欣赏的利益，但这不是足以允许该侵权作品在市场上持续存在的正当理由。

著作权侵权不停止也会涉及侵权产品已经用于生活实际的情形。具体来说，可以分为用于私人物品上和用于公共物品上。前者例如"奥雅公司诉长城公司侵害著作权纠纷案"②中，法院认为，被告在市场上购买未经原告授权含有《云锦霞裳》美术作品的墙纸，并用于新建楼盘的装修工程中，侵犯原告的著作权，但"因涉案楼盘已开始向公众销售，责令被告停止侵权将会影

---

① Stewart v. Abend,495 U. S. 207 (1990).
② 广东省深圳市中级人民法院民事判决书(2013)深中法知民终字第 290 号。

响广大小区业主的利益,造成社会资源的浪费",且判令被告赔偿原告经济损失的数额时已考虑到应使原告获得有效的赔偿救济,因此不判令停止侵权。尽管侵权产品用于房屋装修,拆除将损害小区业主的利益,造成社会资源浪费,但拆除主要涉及房地产开发商和特定小区业主的利益,与社会上一般公众无涉,难谓损害公共利益。后者例如"中国科学院海洋研究所、郑守仪诉刘俊谦、莱州市万利达石业有限公司、烟台环境艺术管理办公室侵犯著作权纠纷案"中用于有孔虫雕塑公园的侵权有孔虫石雕①,"医院预约挂号系统计算机软件著作权侵权案"中用于医院患者挂号的侵权预约挂号软件②,侵权产品已经用于公园和医院挂号的公共事业中。前述案件中,侵权产品已经用于公共事业中,任何人都可能使用到该侵权产品。停止侵权将妨碍到普通民众使用相关产品或服务的机会,因此不判令停止侵权可以接受。

5.4.2　为公共利益不停止专利侵权行为

虽然我国专利法没有规定侵权行为人应承担停止侵害的民事责任,但是司法实践中法院通常在认定侵权成立后,判令停止侵权行为。从专利权作为权利人对于专利技术的市场垄断权利的角度而言,判令停止侵害是维持垄断权利的必要措施。但专利法也认可为公共利益需要限制适用停止侵权责任。《最高人民法院关于审理侵犯专利权纠纷案件应用法律若干问题的解释(二)》(法释〔2020〕19 号)第 26 条规定,人民法院基于公共利益的考量,可以不判令侵犯专利权的被告停止侵权行为,而判令其支付相应的合理费用。

从停止侵权激励专利权人从事创新创造来说,专利权受侵害时应适用停止侵权责任。停止侵权有利于保护专利权人对实施或使用其智力成果的控制,使得其能够阻却未经其授权的竞争商品在市场上流通,并以此获得谈判优势。在美国 2006 年 eBay 案的判决中,联邦最高法院强调颁发永久禁令

---

① 山东省高级人民法院民事判决书(2012)鲁民三终字第 33 号。
② 浙江省高级人民法院民事判决书(2013)浙知终字第 289 号。

属于法院的裁量权范围,并以"四要素法"决定,包括第四项要素公共利益①。有观点认为,eBay 案判决结束了专利权的排他性规则,而走向专利权补偿——共有规则[147]。这一观点过度夸大了法院拒绝颁发禁令的规则,因为法院通常为维护专利权人的利益颁发禁令,拒绝颁发的案例属于少数。另有观点认为,专利法中的公共利益应为维持专利强保护以激励创新,公众对创新感兴趣,这就是它获取新的和改进的技术和产品[148]。这种观点强调专利法激励创新机制对长远公共利益的有利方面,但是也应承认,当侵权产品用于公共事业时,普通民众使用侵权产品的平等享有的利益亦属于公共利益,应作为专利权人予以容忍的情形。

不同于著作权法上法院考虑侵权行为是否产生新的作品、侵权作品的知名度等因素,专利法审判中不判令停止专利侵权行为的情形主要分为两种:用于私人物品和公共物品两种情形。第一种情形,例如"纱窗框连接紧固件实用新型专利侵权案"中,被告已经将涉案专利用于商业住宅楼的纱窗上,法院认为,关于原告要求拆除被诉侵权产品的诉求,因被诉侵权产品已经安装完毕,基于建筑工程公共利益的考量,可以不判令停止被诉侵权行为②。类似的案件还有,商业住宅楼房建造时使用侵犯他人专利权的排风道系统③,在商业经营用房的已经验收的消防工程建设中使用侵犯他人专利权的防火卷帘技术④。前述案件中,法院将商业用房的建筑服务认定为公共利益,涉嫌将公共利益泛化,将涉及特定群体的利益视为公共利益。该案中,停止侵害救济意味着,已经安装的纱窗需要更换,但是仅影响该商业住宅的居民的利益,并不会妨碍不特定公众的利益。而且,此类判决的预期意味着,只要侵权行为动作够快,在专利权人发现之前已经实施侵权行为,就只需要赔偿一定的金额即可。对于专利权人而言,难以获得专利强保护而急于进行创新,不利于公众有机会使用新技术的公共利益。

第二种是侵权产品已经用于公共事业,停止侵权需要拆除相关的部件

---

① eBay Inc. v. MercExchange, L. L. C., 547 U. S. 388, 391(2006).
② 最高人民法院民事判决书(2019)最高法知民终 612 号。
③ 山东省高级人民法院(2010)鲁民三终字第 52 号。
④ 四川省成都市中级人民法院民事判决书(2012)成民初字第 10 号。

重新设计安装。例如,在"三维排水联结扣装置发明专利侵权案"中,被告在海滨栈道上未经许可使用原告享有专利权的排水联结扣装置,侵犯原告的专利权。但法院认为,"鉴于涉案工程系市政工程,如判决停止侵权既不经济也会损害公共利益,也不便于实际执行",因此不判令停止侵权,而是判令赔偿合理使用费。法院判令不停止侵权的理由主要有三:一是停止侵权不具有经济效益,二是停止侵权会损害公共利益,三是停止侵权不便于实际执行。类似的判决还有公立医院公开招投标采购并已经投入使用的"全自动快速洗板机"侵犯他人实用新型专利①、公共道路上的路灯侵犯他人外观设计专利权②。在前述理由中,经济效益和不便执行的考虑不足以成为拒绝判令停止侵害的理由。首先,停止侵权判决并不一定是最终结果,侵权行为人可以事后寻求专利权人的授权。其次,侵犯他人专利权造成的损害结果应由侵权行为人承担,却没有考虑专利权人对发明专利技术并取得专利权等的投入。但损害公共利益的理由可能成立。由于侵权产品已经用于海滨栈道、公立医院、路灯,停止侵权将不利于普通民众使用相关产品或服务的机会,因此不判令停止侵权可以接受。这符合平等主义对公共利益的构想。公共事业对于被侵犯专利权的权利人而言也是开放的。例如,专利权人也有机会去海滨栈道欣赏沿海风光、在公立医院就医时用到"全自动快速洗板机"的医疗服务、夜间在公共道路上行驶时获得路灯照明的便利和安全。

应指出,法院还有一种可选判决,既可以维护专利权人的垄断权利,又可以顾及停止侵权对公众的不利影响。在"充电装置实用新型专利侵权案"③中,被告街电公司已经大量投放公共场所的充电装置落入原告的实用新型专利权范围,请求法院即使认定构成侵权,判决不停止侵权行为,以便各大商场的被诉产品仍能继续为广大消费者广泛使用的公共利益。法院判决,街电公司应在判决生效之日起 30 日内停止使用侵权产品的行为。与其容忍侵权产品继续在市场上使用,判令停止侵权的宽限期,使得侵权行为人有时间准备停止使用侵权产品时的方案,仍然保障了专利权人对专利技术

---

① 西安中级人民法院民事判决书(2015)西中民四初字第 00051 号。

② 广东省高级人民法院民事判决书(2015)粤高法民三终字第 263 号。

③ 最高人民法院民事判决书(2019)最高法知民终 107 号。

的市场垄断权利。

综上,停止侵权对于专利权人具有重要意义,除非为公共利益的事由,应判令停止侵权行为。公共利益的事由应限于侵权行为涉及公共事业或公共产品的情形。此时,为保障普通民众对公共事业或公共产品的使用机会的公共利益,可以不判令停止侵权。

5.4.3 为公共利益仍应停止商标侵权行为

商标法上为公共利益不判令停止侵权的问题,与专利法或者著作权法上不判令停止侵权存在明显区别,因为商标侵权不仅损害商标权人的合法权益,还损害相关公众对于商标认知的正当利益。而且,不停止商标侵权行为可能在未来持续地导致相关公众的混淆。商标侵权行为直接损害权利人的合法权益,还会间接损害相关公众的正当利益,这是商标作为经营者与消费者之间的信号机制所决定的。因此,法院判令停止商标侵权行为不仅在于维护商标权人的合法权益,而且也是维护相关公众基于商标识别商品来源的正确认知。

然而,我国有法院在房地产销售市场不判令停止侵犯他人注册商标的实践。在"星河湾"①"东方明珠"②"紫玉"③"绿地"④等商标侵权案中,法院以被诉侵权房产已经销售完毕,市政部门已经以涉案侵权标识作为小区地名、小区旁公交站点已经命名等事由,以保护小区居民的公共利益需要,不适用停止侵权责任。但不停止侵权的现实后果是放任侵权商品在市场上流通,以及侵权行为人和权利人为区别商品来源而需做出说明的额外成本。

小区居民利益属于特定群体的利益,维护小区居民的利益可能损害更大的消费者利益。在"星河湾"侵害商标权及不正当竞争案中,法院不判令被告在已经出售的房产上停止使用"星河湾"标识,确实维护了小区居民的利益,至少小区居民不需要因为更改小区名称和地名而更改住址信息。但

---

① 最高人民法院民事判决书(2013)民提字第 102 号。
② 安徽省马鞍山市中级人民法院民事判决书(2016)皖 05 民初 63 号。
③ 浙江省杭州市中级人民法院民事判决书(2017)浙 01 民终 303 号。
④ 陕西省高级人民法院民事判决书(2020)陕民终 2 号。

其他消费者可能误以为涉案房产为原告提供或者与原告存在关联关系。而且，此种混淆可能长期存在，包括涉案小区居民在转售房屋时，购买人可能以为是原告开发的房地产项目。而且，我国商标法司法实践中对房地产销售中侵犯他人注册商标专用权不判令停止侵权的做法，可能造成以下不利后果：一是房地产开发商在楼盘命名时不注意查询避让他人已经注册的商标名称，随意取名，甚至涉嫌攀附他人商誉；二是小区居民在转售房屋时，他人可能误以为楼盘为商标权人提供的房地产建造和销售服务。虽然法院认为人们在购买房屋时，并不是只看楼盘名称，还会考察房地产开发商的信息。不同的房地产开发商的楼盘价格可能存在明显差别，例如高档住宅小区开发商建造的商业住宅用房的质量可能更为人们所赞赏。

从商标侵权行为损害相关公众对商标识别来源的认知联系而言，法院应判决停止商标侵权行为，不应有不停止的例外。商标本身作为识别商品来源的标识，不影响相关公众对商标使用的商品或者服务的消费。假设他人在通信服务上成功注册"微信"商标，腾讯公司继续使用"微信"作为其即时通信服务的名称时，将侵犯"微信"商标注册人的注册商标专用权。腾讯公司停止使用微信标识，是否损害公共利益？答案应是否定的，因为不论腾讯公司的即时通信服务的名称是"微信"还是其他标识，腾讯公司都可以通过技术手段修改其服务名称，用户也不会因此无法使用该服务。即使侵权标识已经实际用于商品，并在市场上流通，法院也应判令停止侵权，将侵权产品从市场流通渠道中清除，以恢复注册商标识别商品来源的功能。这不仅是维护商标权人的合法权益，也是维护相关公众基于商标识别商品来源的正确认知的公共利益。

综上，商标侵权行为应判令停止侵权。一是停止使用他人享有商标权的商业标识，不会影响相关公众使用商品或服务的利益。二是不停止侵权行为会导致侵权损害结果持续存在，不利于公共利益。

5.5　公共利益限制知识产权行使时的补偿

为公共利益限制知识产权时，知识产权权利人是否有权请求经济补偿？

我国《宪法》第 13 条规定,公民的合法的私有财产不受侵犯,国家依照法律规定保护公民的私有财产权和继承权。同时,该条规定,国家为了公共利益的需要,可以依照法律规定对公民的私有财产实行征收或者征用并给予补偿。知识产权作为私权,具有财产权的法律性质,从文本上来说,似乎可以依据前述《宪法》条款认为,国家为了公共利益需要,可以依照法律规定对公民的知识产权实行征收或者征用并给予补偿。但这一论断仍存在诸多困惑:一是知识产权是否为《宪法》规定的"私有财产"? 二是知识产权能否被"征收或者征用"? 此处将公共利益限制知识产权与征收征用不动产或动产进行比较研究。

5.5.1 限制知识产权行使与征收征用私有财产

2004 年我国宪法进行第四次修改时,增加了第 13 条"公民的合法的私有财产不受侵犯""国家为了公共利益的需要,可以依照法律规定对公民的私有财产实行征收或者征用并给予补偿",强化对公民财产权的保护,加大了保护的范围和力度。有学者强调,宪法文本上的公共利益具有"补偿性",即"依据公共利益所进行的任何限制,必须基于合理的理由与基础,在依法征收或征用后必须给予合理的补偿,以保护个体权利不应限制行为而受到实质性的损害"[149]。

我国法律对于征收征用不动产或动产进行公平合理的补偿有明确的法律规定。《民法典》总则民事权利章第 117 条规定,为了公共利益的需要,依法征收、征用不动产或者动产的,应给予公平合理的补偿。物权编第 243 条规定,为了公共利益的需要,依法律可以征收集体所有的土地和组织、个人的房屋以及其他不动产,应依法及时足额支付土地补偿费、安置补助费以及农村村民住宅、其他地上附着物和青苗等的补偿费用,并安排被征地农民的社会保障费用,保障被征地农民的生活,维护被征地农民的合法权益。征收组织、个人的房屋以及其他不动产,应依法给予征收补偿,维护被征收人的合法权益;征收个人住宅的,还应保障被征收人的居住条件。

不动产或动产被征收征用有权请求公平合理的补偿,那么,为公共利益限制知识产权,知识产权权利人得否主张补偿呢? 首先比较智力成果与不动产或动产的区别,其次比较"限制"知识产权与"征收征用"不动产或动产的区别。我国宪法关于征收征用补偿的对象并没有限定为不动产或动产,而是"财产"。从知识产权属于财产权的角度,知识产权也符合适用的客体要件。但问题是,知识产权能否作为"征收征用"的对象,或者说,限制知识产权是否可以类比"征收征用"。

考虑到我国宪法第 13 条规定与美国《宪法第五修正案》"征用条款"(The Taking Clause)相近,此处可以参考美国征用条款在限制知识产权上的适用。美国征用条款规定,不给予公平赔偿,私有财产不得充作公用。征用条款禁止在没有赔偿的情况下将私有财产用于公共用途的规定,以维护任何人未经正当法律程序都不得被剥夺生命、自由或财产的法律原则。美国联邦最高法院认为,征用条款保护的私有财产没有区别财产种类,并引用了其在 1881 年做出的关于专利权的判决:如果没有公平补偿,政府不能挪用或使用专利权保护的技术方案①。但该判决的事实前提是,某些专利权保护的技术方案仅能与政府进行许可交易,例如军火类的技术方案,根据征用条款,美国政府未经公平补偿不得实施专利权保护的技术方案。对于美国专利商标局将专利权利要求无效的行为,美国联邦索赔法院明确表示,这不属于征用条款的适用范围②。而对于联邦政府侵犯专利权的行为,美国联邦最高法院认为,这属于侵权法的规制范围,也不适用征用条款③。因此,即使美国的征用条款没有明确排除适用于知识产权,但是当美国政府做出侵犯专利权的行为时,法院认为此类诉讼应以侵权责任法进行规制,而不是公平补偿的征用条款。参考美国的做法,我国宪法关于征收征用财产应补偿的规定,至少不能当然地适用到知识产权限制上。

其次,"限制"知识产权与"征收征用"不动产或动产有明显的区别。"征收征用"行为剥夺所有权人或其他物权人对不动产或动产的物权的权能。征收行为剥夺了物权中的所有权能(包括占有、使用、收益、处分),而征用则剥夺了物权中的占有和使用权能。对于被征收人或被征用人而言,征

---

① Horne v. Dep't of Agric. ,576 U. S. 350,358 – 59 (2015).

② Christy,Inc. v. US,141 Fed. Cl. 641,657 (2019).

③ Schillinger v. US,155 U. S. 163,174 (1894).

收征用行为直接剥夺了其对于其原本享有的不动产或动产之上的物权权能。而限制知识产权并不会"剥夺"知识产权权利人对知识产权客体的使用。知识产权客体作为无形物,可以脱离知识产权客体的载体而存在。这在著作权法上表现为作品与作品载体的区别。作品体现在有形载体上,但是载体并非作品本身,载体的灭失并不会影响著作权人对其作品享有著作权。因此,"盗窃"知识产权并不成立,能够被盗窃的只能是知识产权的有形载体,例如书籍、机械装置、技术资料等。盗窃知识产权的载体通常只能引起侵犯物权的责任,而不侵犯知识产权。而限制知识产权并不会剥夺知识产权权利人对其权利客体的使用和控制权力。即使政府强制许可他人实施专利,专利权人对其专利的许可的权利内容受到限制,但并没有被完全剥夺专利权,其仍然可以许可他人实施其专利,或者将其专利权转让给他人。

但与征收征用不动产或动产的法律效果相似,限制知识产权确实限制了知识产权权利人在保护期限内控制其智力成果的使用或实施能力。原本知识产权法赋予知识产权权利人对其智力成果的控制的权利,例如自主决定实施或不实施其专利,自主决定专利许可费,在限制知识产权时受到限制。

综上,限制知识产权的行使不同于征收征用物权,知识产权权利人仍然可以使用权利客体,不能一般性地适用征收征用不动产或动产的规定。但是限制知识产权的行使,确实限制了权利人自主决定知识产权客体的使用和交易的自由,应予以补偿。

5.5.2 实施专利强制许可应支付合理使用费

我国知识产权法规定为公共利益需要强制许可实用新型专利或发明专利、集成电路布图设计、植物新品种的,取得实施强制许可的单位或个人应付给相应的权利人合理的使用费,数额由双方协商,双方不能达成协议的,由国务院相关行政部门裁决。著作权法定许可在版权法体系下被称为强制许可,在此一同讨论。

知识产权强制许可的补偿可以分为按照国家规定进行补偿和协商补偿。著作权法定许可采取了国家规定补偿标准的方式。不同于著作权法定许可有国家规定的使用费计算标准,我国对强制许可没有规定"合理使用费"的标准,而是协商补偿。《专利实施强制许可办法》(以下简称《办法》)第26条规定,在双方协商强制许可使用费未能达成协议的,可以向国家知识产权局请求裁决强制许可使用费。第41条规定,当事人对国家知识产权局关于强制许可使用费的决定不服的,可以依法申请行政复议或提起行政诉讼。但该《办法》没有规定按照何种原则或规则确定强制许可使用费。即使诉至法院,法院可能也因为"无法可依"而做出尊重行政机关自由裁量权的判决。

在此参考其他国家的做法。《TRIPS协定》第31条对强制许可专利规定,应向权利人支付适当报酬,同时考虑授权的经济价值。然而,《TIRPS协定》以及《多哈宣言》关于医药专利的国际条约仍然未明确强制许可时如何确定应付的适当报酬。有些国家不采用适当报酬标准,例如美国与澳大利亚的《自由贸易协定》规定了合理补偿标准。这似乎是国际贸易法中的一个小问题,但是这一问题的法律和政策背景包括国际投资法。在2009年白云山申请强制许可罗氏的专利药达菲时,有学者指出,药品专利强制许可必须考虑来自发达国家制药公司的压力,可能带来不利国际影响的风险[136]。2012年,印度专利局颁发强制许可时,确定易瑞沙将向拜耳支付该药品6%的净销售额作为专利使用费,低于拜耳15%的净销售额的要求。

综上,实施专利强制许可时,应给予专利权人合理使用费的补偿。我国没有规定实施专利强制许可的补偿标准,根据《TRIPS协定》的要求,应考虑授权的经济价值,予以适当的补偿。

5.5.3 不停止侵权行为应判令支付合理费用

为公共利益不判令停止侵害时,法院实则在个案中给予强制许可的决定,因为侵权行为将得以合法地持续下去,甚至没有强制许可决定要求的合理使用费、许可时间和范围的限制。以《新大头儿子和小头爸爸》动画片的著作权纠纷为例,法院"以提高赔偿额的方式作为央视动画公司停止侵权行为的责任替代方式",意味着侵权动画片的制片者在支付法院判决的赔偿额后,不再因为被诉侵权行为的持续而被起诉或承担侵权责任,以及有权自行决定动画片的使用、许可和转让,也没有被限制在中国范围内使用。《最高人民法院关于审理侵犯专利权纠纷案件应用法律若干问题的解释(二)》第26条规定,被告构成对专利权的侵犯,权利人请求判令其停止侵权行为的,人民法院应予支持,基于国家利益、公共利益的考量,可以不判令被告停止被诉行为,而判令支付合理费用。美国法院在拒绝颁发永久禁令后,会判决一笔"持续使用许可费"。

我国法院对于不适用停止侵害时的补偿有三种做法。第一种是判决不停止侵权的同时,也没有判决合理使用费或提高赔偿额。例如,在"有孔虫模型"著作权纠纷中,被告刘俊谦在未经许可的情况下,对他人模型作品复制、修改的基础上设计制作而成,并与他人作品构成实质性相似,侵犯了海洋研究所对有孔虫模型作品所享有的复制权,判决被告烟台环境办向原告海洋研究所支付作品使用费5万元,该金额等于其向被告刘俊谦设计侵权雕塑的设计费用①。因此,法院判决的5万元应理解为著作权人因侵权行为受到的损失,侵权行为人并没有支付继续使用侵权雕塑的费用。另在使用"东方明珠"作为楼盘名称侵犯商标权案中,法院在决定"不再判令停止使用该小区名称,但金申置业公司在其尚未出售的楼盘和将来拟开发的楼盘上不得使用相关'东方明珠'名称作为其楼盘名称"之后,商标权人东方明珠公司主张300万元赔偿额,但没有举出证据证明其因侵权而受到的损失,被告因侵权行为获得的利益也难以确定,最后酌定赔偿数额50万元②,也没有考虑侵权不停止的补偿。这种方式难谓公平合理,因为侵权行为人获得知识产权保护期结束前的事实上的授权,却对知识产权权利人毫无补偿。

第二种是提高赔偿额的方式作为不适用停止侵权的替代方式。例如,在《新大头儿子和小头爸爸》动画片的著作权纠纷中,法院最后以提高赔偿额的方式作为央视动画公司停止侵权行为的责任替代方式,判决赔偿经济损失120万元。另案中,浙江省卫生厅、信息中心、浙江移动公司未经著作权人聚合公司许可,在未支付报酬的情形下使用浙江省医院预约挂号服务侵

---

① 山东省高级人民法院民事判决书(2012)鲁民三终字第33号。
② 安徽省马鞍山市中级人民法院民事判决书(2016)皖05民初63号。

犯了聚合公司的著作权,但是法院认为被诉侵权软件具有明确的公益属性,不宜停止使用,故应对赔偿数额相应予以提高,酌情确定赔偿额20万元①。但这种判决没有对诉前侵权行为和诉后不停止侵权行为两种情形分别评价,赔偿额的法律基础和计算方法也比较模糊。

第三种是判决侵权行为人支付合理使用费,以替代其停止侵权的责任。例如,三维排水联结扣装置发明专利侵权案中,二审法院在综合考虑涉案专利权的类型、侵权行为的性质、被诉侵权产品的销售价格以及权利人为制止侵权行为所支付的合理开支等基础上判决粤山公司支付合理使用费5万元。最高人民法院在再审时认为,合理使用费并非是一种赔偿,因此不适用专利法关于赔偿数额的规定,但二审法院判决5万元合理使用费以替代停止侵权的责任并无不当。这种方式应是最为公正合理的。合理使用费体现了该笔费用是侵权行为持续的对价,可以参考权利人授权许可智力成果的许可费。而提高赔偿额则意味着有以下计算过程:法院先计算出停止侵权时的赔偿数额,再计算出不停止侵权时提高的赔偿数额,最后将两者加总后作为提高后的赔偿数额。前述案件中,法院罗列了合理使用费的考量因素,但是并未说明合理使用费计算方法,对于当事人而言难以预期。

综上,在侵权不停止的判决时,法院应判令合理费用的补偿。合理费用的补偿应在侵权行为的损害赔偿之外,根据限制目的和需要另行确定。

5.6 本章小结

本章对我国知识产权法中为公共利益限制知识产权的法律规范和司法实践进行梳理研究,具体包括以公共利益为由限制知识产权取得、权利范围和权利救济,以及限制知识产权时对权利人的公平合理补偿。

在知识产权权利取得时,妨害公共利益的智力成果不应取得知识产权。然而,技术方案本身妨碍社会公共利益可能是极为少见的,因为技术方案对于使用它们的人类而言,都是手里的工具,很难想象有发明可以脱离操控它

---

① 浙江省高级人民法院民事判决书(2013)浙知终字第289号。

的人类行为而被判定为有害。商标是否损害公共利益的判断,容易脱离商标使用的市场语境来评价,有时候可能会导致对文字等标识本身的道德评判。

在知识产权强制许可时,为公共利益限制知识产权权利人对智力成果的垄断权利。由于知识产权权利人有权在法律保护期限内禁止他人未经许可实施或者使用智力成果,可能出现对公众基本权益保护的知识产品的供给不足的问题,而无法仰赖于权利人自行扩大供给应对公众需要时,政府为公共利益有必要通过行政决定,允许他人不经权利人许可实施或者使用智力成果,保障知识产品的供给。

在知识产权侵权成立后,法院可能以公共利益为由不适用停止侵害责任。从知识产权作为权利人对于知识产品的市场垄断权利的角度而言,判令停止侵害是维持垄断权利的必要措施。但为维护公众对公共物品的平等享有的机会,当侵权产品用于公共事业时,可以判令不停止侵权行为。

为公共利益限制知识产权区别于征收征用财产,没有一般的补偿规则。但知识产权法在特定情形限制知识产权的权利行使,即强制许可和侵权不停止时,对知识产权权利人予以公平合理的补偿。

6 结　论

对于知识产权法中的公共利益的内涵,应进行实体论上的界定。根据功利主义、社群主义和平等主义对于公共利益概念的不同构想,将我国知识产权法中的公共利益分为激励知识创新的功利主义公共利益、维护社会公德的社群主义公共利益和共享知识获益的平等主义公共利益。这三种公共利益的协调一般遵循功利主义公共利益为共享知识获益的前提、社群主义公共利益为共同价值观的支撑、平等主义公共利益为持续创新的保障。

在此基础上,审视公共利益在知识产权法的历史演进过程中的地位和作用可以发现,在不同的利益纷争过程中,公共利益的考量成为知识产权法律制度走向的关键。知识产权法应以实现公共利益作为前进方向。现代知识产权法脱胎于君授特权制度,由于其鼓励知识创新,有利于公共利益,因而经历多次争论仍然得以保留,并不断发展壮大。后来,随着国际贸易扩张和科技文化交流频繁,知识产品逐渐成为生产生活的重要组成部分。知识产权法对权利取得和行使确立了法律标准,划定了知识产权的权利范围,同时确定了权利的例外以维护公众对知识产权客体的自由使用获得效益的机会。诸多国际条约对知识产权保护确立了统一的规则,但是在国际国内社会经济发展不平衡的现状下,容易出现知识产权权利人利益与公共利益的冲突。选择合宜的知识产权法以促进全球可持续发展是应有之义。

同时,从知识产权法的公共利益的角度提出,知识产权的正当性基础应符合公共利益,从而为知识产权保护奠定坚实的理论基础。知识产权洛克劳动财产论论证了知识产权的权利来源为劳动,但劳动取得知识产权的基本逻辑可能不利于促进公共知识库的增长,反而可能限缩知识库。知识产权黑格尔人格权理论论证了创作者与其成果之间的人格联系,但以创作者的人格来阐述知识产权的正当性,难以解释知识产权转让交易有利于公共利益的实践。知识产权工具论将知识产权视为实现公共利益的工具,能够与激励知识创新和共享知识获益的公共利益相协调。知识产权工具论意味着,知识产权发挥激励创新作用的同时,应避免知识产权权利人过度垄断知识产权客体的使用。

在公共利益与知识产权法历史、公共利益与知识产权法基础理论之后,讨论我国知识产权法为促进公共利益最大化,应在知识产权的权利取得和权利行使中纳入公共利益的法律要件。在权利取得上,妨害公共利益的智力成果或商业标识不应取得知识产权。知识产权权利人通过在市场交易中行使知识产权可以实现激励创新的公共利益。但为特定公共利益的目的,知识产权法可以限制知识产权的行使,包括权利限制和侵权救济限制。在个案中限制知识产权应给予合理补偿,以维护知识产权权利人的正当权益。

参 考 文 献

［1］MACAULAY T B. First Speech to the House of Commons on Copyright ［EB/OL］. （1984 － 02 － 05） ［2021 － 09 － 18］. https：//www. thepublicdomain. org/2014/07/24/macaulay-on-copyright/.

［2］TUSHNET R. Intellectual Property as a Public Interest Mechanism ［M］//DREYFUSS R C，PILA J. The Oxford Handbook of Intellectual Property Law. Oxford，UK；New York，US：Oxford University Press，2018：95 － 116.

［3］LAND K M. The Marrakesh Treaty as "Bottom Up" Lawmaking：Supporting Local Human Rights Action on IP Policies［J］. UC Irvine Law Review，2018，8（3）：513 － 554.

［4］胡波. 知识产权法哲学研究［J］. 知识产权，2015（04）：80 － 88.

［5］LEE J Y. A Human Rights Framework for Intellectual Property，Innovation and Access to Medicines［M］. Surrey，UK：Ashgate Publishing Limited，2015.

［6］HELFER L R. Human Rights and Intellectual Property：Conflict or Coexistence［J］. Minnesota Intellectual Property Review，2003，5（1）：47 － 62.

［7］TRAN A L T. Patent Law and Public Health under the TRIPS Agreement Standards：How Does Vietnam Benefit from the WTO Membership［J］. The journal of world intellectual property，2011，14（3 － 4）：334 － 352.

［8］AZAM M. Intellectual Property and Public Health in the Developing World［M/OL］. Cambridge，UK：Open Book Publishers，2016 ［2021 － 09 － 30］. http：//dx. doi. org/10. 11647/OBP. 0093.

［9］DHANAY C. Uh-Oh We are in Trouble！Compulsory License v data exclusivity in the EU：One More Challenge to Overcome in the Race to Find a COVID-19 Vaccine？ ［J］. European intellectual property review，2020，42（9）：

539 – 547.

[10] LÉO P, BERND J J, GUIDO N L D, et al. Copyright and Remote Teaching in the Time of COVID-19: A Study of Contractual Terms and Conditions of Selected Online Services[J]. European Intellectual Property Review, 2020, 42 (9): 548 – 555.

[11] 冯晓青. 知识产权法利益平衡理论[M]. 北京: 中国政法大学出版社, 2006.

[12] 严永和. 知识产权法的公共利益理念阐释: 基于市场逻辑的公共利益与补充市场逻辑之不足的公共利益[J]. 暨南学报(哲学社会科学版), 2016, 35(05): 101 – 109, 132.

[13] 韦景竹. 版权制度中的公共利益研究[M]. 广州: 中山大学出版社, 2011.

[14] 赵利. 我国药品专利强制许可制度探析[J]. 政法论坛, 2017, 35 (02): 146 – 151.

[15] 梁金马. 药品专利保护与公共健康: 对药品专利强制许可的重新审视[J]. 科技与法律, 2017(03): 39 – 46.

[16] 黄汇. 商标法中的公共利益及其保护: 以"微信"商标案为对象的逻辑分析与法理展开[J]. 法学, 2015(10): 74 – 85.

[17] 李扬. "公共利益"是否真的下出了"荒谬的蛋"?: 评微信商标案一审判决[J]. 知识产权, 2015(04): 29 – 34.

[18] 张韬略, 张伟君. 《商标法》维护公共利益的路径选择: 兼谈禁止"具有不良影响"标志注册条款的适用[J]. 知识产权, 2015(04): 61 – 71.

[19] 亚里士多德. 政治学[M]. 张扬, 胡树仁, 译. 长沙: 湖南文艺出版社, 2011.

[20] 阿奎那. 论法律[M]. 杨天江, 译. 北京: 商务印书馆, 2016.

[21] 古斯塔夫·拉德布鲁赫. 法律智慧警句集[M]. 舒国滢, 译. 北京: 中国法制出版社, 2020.

[22] 倪斐. 公共利益法律化研究[M]. 北京: 人民出版社, 2017.

[23] 罗尔斯. 正义论[M]. 何怀宏, 何包钢, 廖申白, 译, 北京: 中国社会

科学出版社,1988.

[24]倪斐.公共利益的法律类型化研究:规范目的标准的提出与展开[J].法商研究,2010,27(03):3 – 8.

[25]章程.从基本权理论看法律行为之阻却生效要件:一个跨法域释义学的尝试[J].法学研究,2019,41(02):23 – 41.

[26]梁上上.公共利益与利益衡量[J].政法论坛,2016,34(06):3 – 17.

[27]喻京英.罕见病,你了解多少?[N].人民日报海外版,2019 – 03 – 09(11).

[28]章剑生.现代行政法总论[M].北京:法律出版社,2019.

[29]刘舒杨.当代功利主义公共利益思想论析[J].政治学研究,2020(03):80 – 89,127.

[30]边沁.道德与立法原理导论[M].时殷弘,译.北京:商务印书馆,2000.

[31]穆勒.功利主义[M].叶建新,译,北京:九州出版社,2007.

[32]HARSANYI J C. Rule Utilitarianism,Rights,Obligations and the Theory of Rational Behavior[J]//HARSANYI J C. Papers in Game Theory[M]. Dordrecht,Netherland:Springer,1980(28):235 – 253.

[33]HARDIN R. The Utilitarian Logic of Liberalism[J]. Ethics,1986,97(1):47 – 74.

[34]亚当·斯密.国富论:下卷[M].郭大力,王亚南,译.北京:商务印书馆,2019.

[35]BARNES D W,ZALESNE DE Z. A Unifying Theory of Contract Damage Rules[J]. Syracuse Law Review,2005,55(3):495 – 544.

[36]朱庆育.民法总论[M].2 版.北京:北京大学出版社,2016.

[37]王凌皞.公共利益对个人权利的双维度限制:从公共利益的平等主义构想切入[J].华东政法大学学报,2016,19(03):43 – 52.

[38]陈磊.行政审判利益衡量中的能动与谦抑[J].人民司法(应用),2015(05):47 – 50.

[39]WESTEN P. The Empty Idea of Equality[J]. Harvard Law Review,

1982,95(3):537 – 596.

[40]伊曼努尔·康德.道德形而上学原理[M].苗力田,译.上海:上海人民出版社,2012.

[41]阿马蒂亚·森.以自由看待发展[M]任赜,于真,译.北京:中国人民大学出版社,2013.

[42]李淑英.阿玛蒂亚·森的发展观对我国人权建设的启示[J].人权,2015(04):44 – 52.

[43]吴汉东.知识产权的多元属性及研究范式[J].中国社会科学,2011(05):39 – 45,219.

[44]刘剑文.财税法:原理、案例与材料[M].北京:北京大学出版社,2017.

[45]FISH C L. Credit Where It's Due:The Law and Norms of Attribution[J]. Georgetown Law Journal,2006,95(1):49 – 118.

[46]WILLIAMS H L. Intellectual Property Rights and Innovation:Evidence from the Human Genome[J]. Journal of Political Economy,2013,121(1):1 – 27.

[47]STIGLITZ J E. Intellectual Property Rights,the Pool of Knowledge,and Innovation[EB/OL]. (2004 – 03)[2021 – 09 – 05]. http://www. nber. org/papers/w20014.

[48]MURRAY F,STERN S. Do Formal Intellectual Property Rights Hinder the Free Flow of Scientific Knowledge? An Empirical Test of the Anti-commons Hypothesis[EB/OL]. (2005 – 07)[2021 – 09 – 07]. http://www. nber. org/papers/w11465.

[49]GILSON R J. The Legal Infrastructure of High Technology Industrial Districts:Silicon Valley,Route 128,and Covenants not to Compete[J]. New York University Law Review,1999,74(3):575 – 629.

[50]金海军.美国最高法院在知识产权案件中的法律解释:基于2018年度判例的考察[J].知识产权,2019(12):84 – 96.

[51]赵玺.论著作权登记写入著作权法的必要性[J].出版发行研究,

2016(05):67-69.

[52]罗明通.著作权法论(Ⅱ)[M].台北:台英国际商务法律事务所,2014.

[53]郑显文.公序良俗原则在中国近代民法转型中的价值[J].法学,2017(11):87-97.

[54]蔡唱.公序良俗在我国的司法适用研究[J].中国法学(文摘),2016(06):236-257.

[55]FORSYTHE S S, MCGREEVEY W, WHITESIDE A, et al. Twenty Years of Antiretroviral Therapy for People Living with HIV:Global Costs, Health Achievements, Economic Benefits[J]. Health Affairs,2019,38(7):1163-1172.

[56]中国残疾人联合会.2010年末全国残疾人总数及各类、不同残疾等级人数[R/OL](2012-06-26)[2021-09-13]. https://www. cdpf. org. cn//zwgk/zccx/cjrgk/4c0d47abe6a3414790d4ee786553fb65. htm.

[57]世界知识产权组织.《马拉喀什条约》(2013年)主要条款和益处[R/OL].[2021-09-12]. https://www. wipo. int/edocs/pubdocs/zh/wipo_pub_marrakesh_flyer. pdf.

[58]易继明.专利的公共政策:以印度首个专利强制许可案为例[J].华中科技大学学报(社会科学版),2014,28(02):76-82.

[59]陈嘉映.哲学·科学·常识[M].北京:中信出版社,2018.

[60]杜颖.知识产权国际保护制度的新发展及中国路径选择[J].法学家,2016(03):114-124,179.

[61]李明杰.意识、行为及法制:中国古代著作权保护的历史逻辑[J].中国出版史研究,2018(03):7-20.

[62]王洪友.版权制度异化研究[D].西南政法大学,2015.

[63]邵科.经济史视野下的商标法:中国与欧洲的对比[J].清华法学,2010,4(05):139-151.

[64]黄武双.制度移植与功能回归[D].华东政法学院,2006.

[65]DRAHOS P. A Philosophy of Intellectual Property[M/OL]. Australian National University eText,2016,[2021-09-18]. https://press-files. anu. edu.

au/downloads/press/n1902/pdf/book. pdf.

　　[66]丁丽. 版权制度的诞生:从古登堡印刷术到安娜女王法[J]. 编辑之友,2016(07):100 – 102.

　　[67]SHERMAN B,BENTLY L. The Making of Modern Intellectual Property Law:the British Experience, 1760 – 1911 [M]. Cambridge, England; New York,US:Cambridge University Press,2008.

　　[68]SEVILLE C. The Emergence and Development of Intellectual Property Law in Western Europe[M]//DREYFUSS R C,PILA J. The Oxford Handbook of Intellectual Property Law. Oxford, UK; New York, US: Oxford University Press, 2018:171 – 197.

　　[69]PRAGER F D. A History of Intellectual Property from 1545 to 1787 [J]. Journal of the Patent Office Society,1944,26(11):711 – 760.

　　[70] BENTLY L, KRETSCHMER M. Venetian Statute on Industrial Brevets,Venice (1474) [EB/OL]. [2021 – 08 – 19]. http://www. copyrighthistory. org.

　　[71]SIDNEY A D. The Historical Development of Trademarks[J]. The Trademark Reporter,1983,73(3):222 – 247.

　　[72] SAMUELSON P. Justifications for Copyright Limitations and Exceptions[M]//OKEDIJI R L. Copyright Law in An Age of Limitations and Exceptions. New York,US:Cambridge University Press,2017:12 – 59.

　　[73]COHEN J E,et al. Copyright in A Global Information Economy[M]. US:Wolters Kluwer,2020.

　　[74]郑成思. 版权法[M]. 北京:中国人民大学出版社,2009.

　　[75]MERGES R P,DUFFY J F. Patent Law and Policy:Cases and Materials[M]. Durham,US:Carolina Academic Press,2019.

　　[76]彭学龙. 商标混淆类型分析与我国商标侵权制度的完善[J]. 法学,2008(05):107 – 116.

　　[77]LOON N W. The Sense and Sensibility in the Anti-dilution Right[J]. Singapore Academy of Law Journal,2012(24):927 – 977.

[78]祝建军.驰名商标认定与保护的规制[M].北京:法律出版社,2011.

[79]POSNER R A. When is Parody Fair Use[J]. The Journal of Legal Studies,1992,12(1):67 - 78.

[80]JACOBY J. The Psychological Foundations of Trademark Law:Secondary Meaning,Genericism,Fame,Confusion and Dilution[J]. The Trademark Reporter,2001,91:1033 - 1066.

[81]HANDLER M. What can Harm the Reputation of a Trademark? A Critical Re-evaluation of Dilution by Tarnishment[J]. The Trademark Reporter, 2016,106(3):639 - 692.

[82]TUSHNET R. Gone in Sixty Milliseconds:Trademark Law and Cognitive Science[J]. Texas Law Review,2008,86(3):507 - 568.

[83]BROWN R. Advertising and the Public Interest:Legal Protection of Trade Symbols[J]. Yale Law Journal,1948,57(7):1165 - 1206.

[84]LITMAN J. Breakfast with Batman:the Public Interest in the Advertising age[J]. Yale Law Journal,1999,108(7):1717 - 1736.

[85]GORDON W J. Introduction,Symposium on Ralph Sharp Brown,Intellectual property,and the Public interest[J]. Yale Law Journal,1999,108(7): 1611 - 1618.

[86]YAMANE H. Interpreting TRIPS:Globalisation of Intellectual Property Rights and Access to Medicine[M]. Oxford,United Kingdom;Portland,US:Hart Publishing,2011.

[87]樊玉录.我国新药研发产出影响因素的实证研究[J].中国新药杂志,2020,29(24):2766 - 2773.

[88]GRECO D B,SIMAOM. Brazilian Policy of Universal Access to AIDS Treatment:Sustainability Challenges and Perspectives. AIDS. 2007;21(4):S37 - 45.

[89]CHON M. Recasting Intellectual Property in Light of the U. N. Sustainable Development Goals:Toward Global Knowledge Governance[J]. American

参
考
文
献

127

University international law review,2019,34(4):763 – 786.

[90]HE H. The Development of Free Trade Agreements and International Protection of Intellectual Property Rights in the WTO Era-New Bilateralism and Its Future[J]. International Review of Intellectual Property and Competition Law, 2010,41(3):253 – 283.

[91]万勇.知识产权全球治理体系改革的中国方案[J].知识产权,2020 (02):17 – 25.

[92]KOO J. A Justificatory Pluralist Toolbox:Constructing a Modern Approach to Justifying Copyright Law[J]. European Intellectual Property Review, 2020,42(8):469 – 483.

[93]鲁道夫·克拉瑟.专利法:德国专利和实用新型法、欧洲和国际专利法[M].单晓光,张韬略,于馨淼,等,译.北京:知识产权出版社,2016.

[94]郭禾,张新锋.民法典编纂背景下的知识产权法体系化路径[J].知识产权,2020(05):3 – 14.

[95]LOCKE J. Two Treatise of Government[M]. Cambridge,UK:Cambridge University Press,1970.

[96]GORDON W J. A Property Right in Self-expression:Equality and Individualism in the Natural Law of Intellectual Property[J]. The Yale Law Journal, 1993(102):1533 – 1609.

[97]张婷,陈文欣.洛克劳动财产理论视角下知识产权正当性的理论评析[J].中国发明与专利,2020,17(07):100 – 105.

[98]彼得·德霍斯.知识财产法哲学[M].周林,译.北京:商务印书馆, 2017.

[99]NOZICK R. Anarchy,State,and Utopia[M]. Beijing:China Social Sciences Publishing House,1999.

[100]SILVERSTEIN D. Patents,Science and Innovation:Historical Linkages and Implications for Global Technological Competitiveness[J]. Rutgers Computer & Technology Law Journal,1991(17):261 – 300.

[101]LADAS S P. Patents,Trademarks,and Related Rights:National and

International Protection[M]. Cambridge,US:Harvard University Press,1975.

[102]HEGEL G W F. Philosophy of Right[M/OL]. DYDE S W,trans. , Canada:Batoche Books Limited,2001,[2021 – 09 – 24]. https://holybooks-lichtenbergpress. netdna-ssl. com/wp-content/uploads/Hegel-Philosophy-of-Right. pdf.

[103]吴汉东. 知识产权的私权与人权属性:以《知识产权协议》与《世界人权公约》为对象[J]. 法学研究,2003,25(03):66 – 78.

[104]HUGHES J. The Philosophy of Intellectual Property[J]. Georgetown Law Journal,1988,77(2):287 – 366.

[105]CHERENSKY S. A Penny for Their Thoughts:Employee-Inventors, Preinvention Assignment Agreements, Property, and Personhood[J]. California Law Review,1993,81(2):597 – 669.

[106]朱艺浩. 人工智能生成内容之定性的知识产权法哲学证成[J]. 网络法律评论,2016(02):39 – 55.

[107]何怀文. 我国著作权法下的"计算机生成之作品"[J]. 浙江大学学报(人文社会科学版),2020,50(03):45 – 62.

[108]吴汉东. 法哲学家对知识产权法的哲学解读[J]. 法商研究,2003 (05):77 – 85.

[109]MENELL P S,LEMLEY M A,MERGES R P. Intellectual Property in the New Technological Age:2019,Volume I:Perspectives,Trade Secrets & Patents[M]. Berkeley,US:Clause 8 Publishing,2019.

[110]张文显,等. 知识经济与法律制度创新[M]. 北京:北京大学出版社,2011.

[111]杨明. 私人复制的著作权法制度应对:从机械复制到云服务[J]. 中国法学,2021(01):189 – 209.

[112]VORDING H. The Concept of Instrumentalism in Tax Law[J/OL]. Coventry Law Journal,2013:41 – 60. https://ssrn. com/abstract = 2745804.

[113]刘孔中. 解构知识产权法及其与竞争法的冲突与调和[M]. 北京:中国法制出版社,2015.

［114］曼昆.经济学原理:微观经济学分册［M］.7 版.北京:北京大学出版社,2015.

［115］黄薇.中华人民共和国民法典总则编解读［M］.北京:中国法制出版社,2020.

［116］TAUBMAN A,WAGER H,WATAL J,et al. A Handbook on the WTO TRIPS Agreement［M］. New York,US:Cambridge University Press,2012.

［117］李琛.知识产权法基本功能之重解［J］.知识产权,2014(07):3 - 9,2.

［118］BOLDRIN M,LEVINE D,NUVOLARI A. Do Patents Encourage or Hinder Innovation? The Case of the Steam Engine［EB/OL］.(2008 - 12 - 01)［2021 - 09 - 05］. https://fee. org/articles/do-patents-encourage-or-hinder-in-novation-the-case-of-the-steam-engine.

［119］DEPORTER B,MENELL P S. Research Handbook on the Economics of Intellectual Property Law,Vol 1:Theory［M］. Cheltenham,UK;Northampton,US:Edward Elgar Publishing,2019.

［120］EPSTEIN R A. The Basic Structure of Intellectual Property Law ［M］//DREYFUSS R C,PILA J. The Oxford Handbook of Intellectual Property Law. Oxford,UK;New York,US:Oxford University Press,2018:25 - 56.

［121］ROSEN Z,SCHWINN R. An Empirical Study of 225 Years of Copyright Registrations［J］. Social Science Electronic Publishing,2020,94(5):1003 - 1084.

［122］邓社民.知识产权法原论与案例［M］.武汉:武汉大学出版社,2019.

［123］GABRIELE S A. Why Intellectual Property Does not Belong in the Constitution(s):Four Considerations［J］. European Intellectual Property Review,2020,42(8):461 - 463.

［124］CHARO R,GREELY H T. CRISPR Critters and CRISPR Cracks ［J］. American Journal of Bioethics,2015,15(12):11 - 17.

［125］GUTMANN A,MORENO J D. Keep CRISPR Safe:Regulating a Genetic Revolution[J]. Foreign Affairs,2018,97(3):171 – 177.

[126]尹腊梅.论违法作品的著作权保护:兼谈《著作权法》第 4 条之法律适用[J].知识产权,2017(04):21 – 28.

[127]RICKETSON S, GINSBURG J. International Copyright and Neighbouring Rights:the Berne Convention and Beyond[M]. New York,US:Oxford University Press,2006.

[128]何怀文.中国著作权法:判例综述与规范解释[M].北京:北京大学出版社,2016.

[129]刘银良.著作权法中的公众使用权[J].中国社会科学,2020(10):183 – 203,208.

[130]OKEDIJI R L. Intellectual Property in the Image of Human Rights:a Critical Review[M]//DREYFUSS R C,NG E S. Framing Intellectual Property Law in the 21st Century:Integrating Incentives,Trade,Development,Culture,and Human Rights. Cambridge, UK; New York, US: Cambridge University Press, 2018:234 – 289.

[131]MCDONALD D,KELLY U. The Value and Benefits of Eext Mining [EB/OL]. (2014 – 06 – 13)[2021 – 08 – 30]. https://www. webarchive. org. uk/wayback/archive/20140613220103/http://www. jisc. ac. uk/reports/value-and-benefits-of-text-mining.

[132]QUINTAIS J. The New Copyright in the Digital Single Market Directive:a Critical Look[J/OL]. European Intellectual Property Review (2019) (Forthcoming). (2019 – 10 – 14)[2021 – 09 – 01]. https://ssrn. com/abstract =3424770.

[133]曹磊,刘昭,赵琨,等.国际视野下药品专利强制许可制度的实施案例研究综述[J].中国新药杂志,2020,29(13):1441 – 1448.

[134]张武军,张博涵.新冠肺炎疫情下药品专利强制许可研究:以瑞德西韦为例[J].科技进步与对策,2020,37(20):83 – 88.

[135]ESTAVILLO M. India Grants First Compulsory Licence, for Bayer Cancer Drug[EB/OL]. (2012 – 03 – 12)[2021 – 09 – 24]. https://www. ip-

watch. org/2012/03/12/india-grants-first-compulsory-licence-for-bayer-cancer-drug/.

[136]袁泉,邵蓉.从白云山版"达菲"事件看我国药品专利强制许可制度[J].中国新药杂志,2010,19(16):1392-1395.

[137]BRONWYN H H,CHRISTIAN H. The Role of Patent Protection in (Clean/Green) Technology Transfer[J]. Santa Clara High Technology Law Journal,2010,26(4):487-532.

[138]周园.商标指示性合理使用的法律问题研究:兼评"FENDI"商标案[J].学术论坛,2018,41(06):24-32.

[139]DREYFUSS R C. In Praise of An Incentive-Based Theory of Intellectual Property Protection[M]//DREYFUSS R C,NG E S. Framing Intellectual Property Law in the 21st Century:Integrating Incentives, Trade, Development, Culture,and Human Rights. Cambridge,UK:Cambridge University Press,2018.

[140]喻玲,汤鑫.知识产权侵权不停止的司法适用模式:基于138份裁判文书的文本分析[J].知识产权,2020(01):17-24.

[141]CALABRESI G,MELAMED D A. Property Rules,Liability Rules, and Inalienability:One View of the Cathedral[J]. Harvard Law Review,1972,85(6):1089-1128.

[142]SHAPIRO C. Property Rules vs. Liability Rules for Patent Infringement[EB/OL]. (2017-01-10)[2021-09-16]. https://faculty. haas. berkeley. edu/shapiro/propvsliab. pdf.

[143]HOLTE R T,SEAMAN C. Patent Injunctions on Appeal:An Empirical Study of the Federal Circuit's Application of Ebay[J]. Washington law review,2017,92(1):145-212.

[144]李扬,许清.知识产权人停止侵害请求权的限制[J].法学家,2012(06):75-92,176.

[145]黄武双,阮开欣,刘迪,等.美国专利损害赔偿:原理与案例[M].北京:法律出版社,2017.

[146]CONLEY D. Author,User,Scholar,Theif:Fair Use and Unpublished

Works[J]. Cardozo Arts & Entertainment Law Journal,1990,9(1):15 – 60.

[147]BASHEER S. The End of Exclusivity:Towards a Compensatory (Patent) Commons[J]. IDEA:The Journal of the Franklin Pierce Center for Intellectual Property,2018,58(2):229 – [ii].

[148]OSENGA K J. What Happened to the Public's Interest in Patent Law? [J]. The Federalist Society Review,2018,19:200 – 205.

[149]韩大元.宪法文本中"公共利益"的规范分析[J].法学论坛,2005 (01):5 – 9.